स्वस्थ व सुखी जीवन का राज़

स्वस्थ व सुखी जीवन का राज़

डॉ. ललित आनंद

किताबवाला

दिल्ली - ११०००६

स्वस्थ व सुखी जीवन का राज़ - ललित आनंद

प्रथम संस्करण, 2020

ISBN - 978-81-941581-9-6

प्रकाशक

किताबवाला

2356, हडसन लाईन, गुरू तेग बहादुर नगर,
दिल्ली - 110009
ई-मेल : kitabwallah@gmail.com
फोन: 9654444181

कवर डिज़ाइन
कामिनी, दरियागंज, दिल्ली

लेज़र टाईपसैटिंग
जे. के. ग्राफिक्स, दिल्ली

मुद्रक
आर. के. प्रिंटिंग प्रेस, दिल्ली

मूल्य - 495/-
पेपर - 80gsm

पुस्तक आकार - 5.5x8.5
कुल पृष्ठ संख्या - 156

लेखकीय

मेरी यह पुस्तक 'स्वस्थ व सुखी जीवन का राज़' आधुनिक जीवन शैली व विचारों के बीच मानव को एक नए पथ पर अग्रसर करती है, जहाँ मनुष्य की इच्छाएँ उसे हमेशा सचेत करती हैं कि उसे क्या और कितना कार्य करना है, अपनी योग्यताओं का इस्तेमाल कैसे करना है, उसकी नित्यक्रिया व कर्मों का संयोजन कैसे होना चाहिए, इत्यादि।

इस दुनिया में ऐसा कौन व्यक्ति होगा, जो स्वस्थ नहीं रहना चाहता हो! इस दुनिया में ऐसा कौन व्यक्ति होगा, जो सुखी जीवन जीना नहीं चाहता हो! पर क्या सिर्फ सोचने व चिंता करने से यह सब हासिल हो जाता है? बिलकुल नहीं।

इसके लिए अपने जीवन के आधार व विचारों के प्रभुत्व को स्थापित करने की जरूरत होती है। हमारी इच्छाएँ सीमित रहें, तो शेष कार्यों में गतिशीलता व परिपक्वता आ जाती है। हमें अपनी हैसियत के अनुसार कार्य करना चाहिए, ताकि हम किसी और मुसीबत में न पड़ जाएँ।

अगर हम सोच-विचार कर, संभलकर अच्छी नीयत व ईमानदारी से व्यवस्था को संपादित करें, तो इसमें कोई शक नहीं कि हम स्वस्थ व सुखी जीवन की कल्पना को साकार न कर सकें।

इस पुस्तक में अनेक महत्त्वपूर्ण विचार दिए गए हैं, जो स्वस्थ व सुखी जीवन के आधार हैं।

आशा है, यह पुस्तक आपकी कसौटी पर खरी सिद्ध होगी।

भवदीय

लेखक

अनुक्रमणिका

1. सीमित इच्छा से सफलता 1
2. हेल्थ इज वेल्थ 21
3. स्वस्थ व सुखी जीवन का राज़ 55
4. उत्तम आहार व आपका स्वास्थ्य 83
5. स्वस्थ रहना है तो स्वच्छ आदतों का विकास करें 101
6. मुस्कराना ही जिंदगी का नाम है 115
7. सेहतमंद व दीर्घायु बनें 131

1

सीमित इच्छा से सफलता

अगर आपकी इच्छा बड़ी हो, तो बड़ी इच्छा के लिए उसी तरह से कर्म करने की जरूरत होती है। कर्म भी ऐसा, जो आपकी योग्यता व क्षमता के अनुरूप होना चाहिए। अगर आपकी क्षमता चालीस किलो वजन उठाने की है, तो आप अधिक-से-अधिक 50 किलो तक की कोशिश कर सकते हैं। लेकिन अगर आपने सौ किलो का वजन उठाने की कोशिश की, तो क्या होगा?

इसी तरह आपकी इच्छाएँ हैं। जैसा कि आप जानते हैं कि इच्छाओं का कोई अंत नहीं होता है। मनुष्य की इच्छाएँ अनंत होती हैं। आप घर से बाहर निकलते हैं, रास्ते में कोई खूबसूरत चीज दिख गई, तो आपका मन उसे पाने के लिए व्याकुल हो गया। लेकिन आपने इच्छा पालने से पहले यह नहीं सोचा कि क्या आपकी योग्यता व क्षमता ऐसी है कि आप उक्त वस्तु को प्राप्त कर सकते हैं?

अगर आपका उत्तर 'हाँ' है, तो सफलता मिल जाती है। लेकिन अगर आपका जवाब 'ना' है, तो आप जटिल स्थिति का सामना करेंगे, जिसमें आपका सुख, शांति सब नष्ट हो सकती है।

फिर कैसा स्वस्थ व सुखी जीवन?

कुछ लोग अपने अंजाम की परवाह किए बगैर मात्र कुछ पाने के लोभ में योजना बना लेते हैं। वे अपनी क्षमता व योग्यता का आकलन नहीं करते।

कुछ लोग तो ऐसे भी होते हैं, जो दूसरों की देखा-देखी अपने विचार पाल लेते हैं। अपनी इच्छाओं को बढ़ा देते हैं। हालाँकि उनकी हैसियत ऐसी नहीं होती कि वे उसे 'अफोर्ड' कर सकें, पर उन्होंने दूसरों को देखा है, उनसे कैसे कम रहें। अगर कम रहे, तो उनका स्टैंडर्ड गिर जाएगा। इस तरह के विचार उनके मन में उठते हैं और फिर मन की बात मानकर अपनी वास्तविकता से भटक जाते हैं और एक नई मुसीबत को दावत दे डालते हैं।

ऐसे व्यक्तियों को आगे बढ़ने से पहले अथवा कुछ भी इच्छा पालने से पहले आत्मचिंतन करना चाहिए। क्या आप भी उस वस्तु को प्राप्त कर सकते हैं, जिसे आपने पड़ोसी के घर में देखा है?

कुछ सवालों पर विचार करें।

माना कि आपके पड़ोसी सखाराम ने एक कार खरीदी है। सखाराम आपका पड़ोसी ही नहीं, आपका मित्र भी है। आप सोचते हैं कि सखाराम ने कार खरीद ली, तो आप क्यों पीछे रहें? आपको भी एक कार लेनी ही चाहिए। दोस्तों ने सलाह दी, बढ़ा-चढ़ा दिया और आपने बगैर कुछ सोचे-विचारे कार फाइनेंस करा ली और कार को घर ले आए।

घर में कार आई, तो आपकी मूछों पर ताव आ गया। आप सीना चौड़ा करके लोगों को बता रहे हैं, पड़ोसियों पर अपना रौब झाड़ रहे हैं। घर-परिवार में सब खुश हैं। बच्चे आप पर नाज कर रहे हैं।

कार खरीदने का पूरा जश्न है। इस तरह से आपकी एक इच्छा तो पूरी हो गई, लेकिन क्या आपने कभी सोचा कि इसके बाद से आपकी परेशानी कितनी बढ़ गई?

क्योंकि आपकी कार की इच्छा थी, लेकिन आपकी औकात नहीं थी। कार लेकर आपने इच्छा तो पूरी कर ली, लेकिन उसके बाद क्या होगा?

कार की किश्त भरने में ही आपको दिन में तारे नजर आने लगेंगे। कहाँ से आप रुपयों का जुगाड़ करेंगे, क्योंकि पैसे तो आपके पास हैं नहीं। जो आमदनी है, उससे आपके घर का खर्चा चलता है। फिर कार के लिए पेट्रोल कहाँ से लाएँगे। इस तरह से एक नहीं अनेक मुसीबतें बढ़ जाएँगी और आपका स्वास्थ्य, सुख, चैन सब छिन जाएगा।

क्या इस तरह की जिंदगी चाहते हैं आप?

लेकिन अगर आपने कार की जगह स्कूटर या बाइक की इच्छा की होती, तो शायद आप यह सब अफोर्ड कर भी लेते।

दोस्तो, एक साइकिल पर चलने वाले व्यक्ति को पहले स्कूटर या बाइक की ही इच्छा पालनी चाहिए। जब वह बाइक पर चढ़ने लगेगा, तब कार की इच्छा पाले। इस तरह से सीमित इच्छा करके आप संतुलित जीवन जी सकते हैं और प्रकृति के साथ कदम ताल कर सकते हैं।

कुछ लोग शायद मेरी बात से सहमत ना हों, क्योंकि वे सोच रहे होंगे कि मैंने दकियानूसी बातें कह दी हैं। पर ऐसा नहीं है, दोस्तो। मैं अपने अनुभव से बता सकता हूँ कि अगर आप अपनी इच्छाओं को सीमित रखें, तो सदा सुखी व स्वस्थ रहेंगे।

इच्छाओं का कोई अंत नहीं होता है। एक छोटी-सी घटना का उल्लेख कर रहा हूँ। गोरखपुर का एक युवा बेहद निर्धन परिवार में पैदा हुआ था। युवक का पिता अंडे का ठेला लगाता था। बी. ए. पास करने के बाद युवक शेखर ने धन कमाने की योजना बनाई। क्योंकि वह नहीं चाहता था कि वह उस हाल में जिए, जिस हाल में उसका परिवार जी रहा था। युवक ने बड़े-बड़े सपने पाल लिए। इसके बाद वह लोगों की आँखों में धूल झोंकने लग गया। कुछ अमीर लड़कों

से दोस्ती हो गई। उन्हें अपनी योजना में भागीदार बना लिया तथा उनके सहयोग से गोरखपुर में ही एक फर्जी चिटफंड कंपनी खोल ली।

युवक ने प्रचार करवाया कि उसकी कंपनी लोगों के धन को मात्र 46 दिन में डबल करके देगी। एकदम गारंटी के साथ। शहर में खूब प्रचार हुआ। इसका असर यह हुआ कि लोगों ने उसकी कंपनी में पैसे जमा कराने शुरू कर दिए। जब एक साथ काफी रकम एकत्र हो गई, तब लड़के ने अपने दोस्तों में बाँट लिया और दुकान खाली करके सब नौ-दो-ग्यारह हो गए। लेकिन युवक ज्यादा दिनों तक छिप कर नहीं रह सका। ग्राहकों ने जालसाज के खिलाफ आंदोलन किया, तो पुलिस ने दबाव बनाया और उसे साथियों समेत गिरफ्तार कर लिया। युवक जेल में है।

क्योंकि युवक की आकांक्षा प्रबल थी। उसकी इच्छाएँ बड़ी-बड़ी थीं। उन इच्छाओं को पूरा करने के लिए ही उसने धन कमाने का शार्टकट मार्ग चुना और मुसीबत में फँस गया।

अगर युवक ने अपनी इच्छाओं पर अंकुश लगाया होता, तो शायद वह स्वस्थ व सुखी होता। जब औकात नहीं हो देने की, तो लोगों से ऋण नहीं लेना चाहिए।

इससे आपके स्वास्थ्य व सुख को खतरा पहुँच सकता है।

यह ठीक है कि आज की दुनिया में हर किसी को लेना-देना पड़ता है। कभी-कभी हालात इतने बुरे हो जाते हैं कि न चाहकर भी लोगों के आगे हाथ पसारना पड़ता है। रिश्तेदार, मित्रों से मदद माँगी जाती है और यथासंभव लोग मदद कर भी देते हैं।

जब हालात अनुकूल हो जाए, तो मदद में लिए गए रुपयों को सूद समेत लौटा देना चाहिए। सूद का मतलब रुपया ही नहीं होता,

बल्कि वह अहसान भी होता है, जो आड़े वक्त में लोगों से मिलता है। हमें उनका अहसान मानते हुए रुपया लौटाने की कोशिश करनी चाहिए। यही सूद होता है।

सुखी जीवन का एक रहस्य यह भी है कि कर्जदार को रुपया बिना मांगे लौटा दिया जाए। इससे कर्जदार भी खुश हो जाता है और देनदार को भी सुख मिलता है।

कुछ लोग मुसीबत स्वयं ही मोल ले लेते हैं। इसके पीछे अनेक कारण होते हैं। लेकिन उनमें से एक कारण उनकी ऊँची महत्त्वाकांक्षा होती है। अगर किसी तरह अपनी महत्त्वाकांक्षा को सीमित कर दें, तो आप परेशान नहीं होंगे। विज्ञान भी कहता है कि महत्त्वाकांक्षाएँ सीमित ही रहें, तो सफलता का क्रम बना रहता है।

अगर आपने ज्यादा इच्छा कर दी, तो इच्छा को पूरा न करने पर जो तकलीफ होगी, उससे आपकी सेहत व सुख दोनों ही खत्म होगा।

हर इंसान को उम्मीद के दायरे में जीना चाहिए। अगर उम्मीद खत्म होगी, तब भी आपका सुख व स्वास्थ्य दोनों को धक्का पहुँचता है।

कभी-कभी बड़ी इच्छाएँ पूरी करने के लिए छोटी-छोटी इच्छाओं का गला घोटना पड़ता है। यह जरूरी होता है। माना कि आपने मकान खरीदना है। इसके लिए पैसा चाहिए। पैसा कहाँ से आएगा?

इसके लिए आपको पैसे की बचत करनी होगी। अपने बजट को कम करना होगा। छोटी-छोटी इच्छाओं का त्याग करना होगा। होटल, सिनेमा, घूमने-फिरने, मस्ती करने में कटौती करनी होगी। इन सबसे बचत करके आप रुपए जमा करेंगे, तो एक दिन बड़ी पूँजी आपके पास होगी। इस पूँजी से आप घर खरीद सकते हैं। दुकान कर सकते हैं और वह सब-कुछ कर सकते हैं, जो आपने चाहा है।

यह एक प्राकृतिक मार्ग है। यह व्यवस्थित तरीका है। इस मार्ग का अनुसरण करेंगे, तो आप स्वस्थ व सुखी रहेंगे।

दोस्तो, इच्छाओं को पूरा करने के लिए त्याग, तप और मेहनत की जरूरत होती है। बगैर त्याग के आप सफलता प्राप्त नहीं कर सकते। बगैर तपस्या व धैर्य के आप वांछित सफलता के हकदार नहीं हो सकते। बगैर मेहनत किए अपने लक्ष्य को प्राप्त नहीं कर सकते।

ईमानदारीपूर्ण कार्य करने से भी सफलता मिलती है और मन की इच्छा पूरी हो जाती है। कुछ लोगों को लगता है कि शार्टकट मार्ग पर चलकर करोड़पति बन सकते हैं।

इसी तरह कुछ लोगों को लगता है कि बेईमानी या चोरी करके आप मालदार बन जाते हैं। कुछ लोगों को लगता है कि बैठे-बिठाए और भगवान्...भगवान् कहकर आप अपनी इच्छा पूरी कर सकते हैं।

जी नहीं, यह सब गलत धारणाएँ हैं। क्योंकि ये प्राकृतिक नहीं हैं। प्राकृतिक तरीके से ही अपनी इच्छा पूरी करें और फिर उस सुख की अनुभूति करें, जिसकी आपने कल्पना कर रखी है। यकीन मानिए, अद्वितीय सुख हासिल होगा। आपकी सेहत भी अच्छी होगी। क्योंकि आप निराशा व हताशा से बचेंगे।

बेईमानों व चोरों को लगता है कि किसी का धन हड़प लिया, तो सुखी होंगे। यकीन मानिए, जो धन जैसे आता है, वैसे ही चला भी जाता है। कुछ लोगों के पास दौलत का अंबार जमा रहता है, लेकिन फिर भी वे कष्ट में जिंदगी बिताते हैं। कुछ लोग अनेक बीमारियों से जकड़े रहते हैं और वक्त से पहले ही दम तोड़ देते हैं। कुछ लोगों को अचानक बीमारियाँ होती हैं।

याद रखिए, बेईमानी व चोरी का धन कभी हजम नहीं होता। दूसरों को जितना लूटोगे, तुम्हारा उसका दोगुना धन लुट जाएगा।

फिर ऐसी इच्छाओं का क्या, जो आपका सुख व चैन सब छिन सके।

आधुनिक समाज में फैशन हावी है। लोग काम से जी चुराते जा रहे हैं। अब घर की स्त्रियाँ भी कामचोर होती जा रही हैं। एक समय लोगों की बड़ी इच्छाएँ नहीं होती थीं। लोग मेहनत करके खाते थे। चैन से सोते थे। अनेक रोग, बीमारियों से दूर रहते थे। आज ऐसा नहीं है।

आज के जमाने में क्या स्त्री, क्या पुरुष, क्या बच्चे, सबकी इच्छाएँ बड़ी-बड़ी होती हैं। आज घर में स्त्रियाँ सिल-बट्टे पर मसाला पीसना नहीं चाहती हैं। पति से जिद करके गिरांडर मँगवाती हैं, जूसर मँगवाती हैं, गैस के चूल्हे पर खाना पकाती हैं। घर में टी.वी., फ्रिज, ऐ.सी., कूलर आदि चाहिए। नववधुएँ वॉशिंग मशीन की माँग करती हैं, ताकि कपड़े धोने में उन्हें मेहनत नहीं करनी पड़े।

इसी तरह बच्चों को भी सब-कुछ रेडीमेड चाहिए। उनकी आकांक्षाएँ बड़ी-बड़ी होती हैं। इस तरह से फैशन के जमाने में जहाँ एक ओर इच्छाएँ बढ़ी हैं, वहीं दूसरी ओर काम नहीं करने से उनके शरीर में भाँति-भाँति के रोग भी लगते जा रहे हैं।

क्या आपने कभी सोचा है कि अगर हमने अपनी इच्छाएँ कम कर दीं, तो क्या इन सब मुश्किलों का सामना करना पड़ेगा? शायद बहुत कम, लेकिन उससे आपके स्वास्थ्य व सुख की हानि नहीं होगी।

लोग दिखावे के लिए अपने सुख व स्वास्थ्य की बलि चढ़ा रहे हैं। फलां के घर में वह चीज है, तो आपके घर में भी वो चीज होनी चाहिए। फलां के घर में ऐसा कल्चर है, तो आप भी अपने घर में वैसा ही कल्चर अपनाना चाहते हैं। इसमें धन का नाश होता है और

एक बार चीज प्राप्त हो गई, तो उसका साइड इफैक्ट ताउम्र होता रहेगा।

आज स्मार्ट फोन का युग है। ब्लैक एंड व्हॉइट का जमाना चला गया। एक छोटा-सा बच्चा भी जैसे-तैसे करके स्मार्ट फोन पा लेता है और फिर इसके साइड इफैक्ट ताउम्र शुरू हो जाते हैं। इच्छाएँ बढ़ती जाती हैं। स्मार्ट फोन के कारण उनकी जीवन-शैली व सुख दोनों ही खतरे में पड़ जाते हैं।

अगर कोई मुझसे यह सवाल करे कि मनुष्य की बेलगाम इच्छाओं को कौन बढ़ावा दे रहा है? तो मेरा एक ही जवाब होगा–स्मार्ट फोन।

क्योंकि स्मार्ट फोन से फैशन के ट्रेंड की जानकारी होती है।

क्योंकि स्मार्ट फोन से आकांक्षा की भूख बढ़ती जाती है। विश्व में कब, कहाँ, क्या हो रहा है, सेकेंड भर में ही आपके पास जानकारी आ जाती है। विकास, भूगोल, संस्कृति, घटनाओं व विविध क्षेत्रों में मिली जानकारियों के बाद आपकी भूख बढ़ती जाती है और उसके अनुसार स्वयं को एडजस्ट करने की कोशिश में आपकी इच्छाओं को बेलगाम घोड़े की तरह दौड़ा देते हैं, जो दुःख का कारण होता है।

कहते हैं कि प्रकृति के निकट रहने से मनुष्य जयादा सुखी व समृद्ध होता है। प्रकृति से दूर रहकर हम अपनी स्वाभाविक प्रसन्नता को नष्ट कर देते हैं। प्रकृति से दूर रहकर व्यक्ति निराशा व हताशा के भँवर में डूब जाता है।

प्रकृति हमें मुस्कराना सिखा देती है। प्रकृति से हमें धैर्य व परिश्रम करने की प्रेरणा मिलती है। प्रकृति हमें सिखाती है कि जितना हम परिपक्व होंगे, हमारे सफलता के मार्ग उतने ही विस्तृत होंगे।

लेकिन जो लोग प्रकृति से दूर होते जा रहे हैं, प्रकृति को महत्त्व नहीं दे रहे हैं, वे खुद पर जुल्म कर रहे हैं। याद करिए उत्तराखंड की तबाही को, प्रकृति से खिलवाड़ करने का क्या अंजाम भुगतना पड़ा था? इस तरह की अनेक घटनाओं के उदाहरण दिए जा सकते हैं।

प्रकृति हमें उदारता, अनुशासन, धैर्य, मेहनत, सच्चाई का मार्ग बताती है, जिस पर चलकर हम अपनी इच्छाओं को सीमित रखते हुए सफलता प्राप्त कर सकते हैं।

एक बात और; मैं आपसे एक प्रश्न करता हूँ। आपकी आकांक्षा की आग को भड़काने में किसका सर्वाधिक हाथ होता है? बनावटी दुनिया का या प्रकृति का?

निश्चित रूप से आपका जवाब होगा—बनावटी दुनिया का, जहाँ फैशन, छल, बेईमानी, प्रपंच व अनियमित जीवन-शैली है। इसी ने तो आपकी इच्छाओं की गति बढ़ाई है, जिसे पूरा न करने पर आप और ज्यादा संकट में घिरते जा रहे हैं।

मैं हमेशा इस बात पर जोर देता हूँ कि अपनी हैसियत व योग्यता के अनुरूप ही आकांक्षा पालनी चाहिए। मैं यह नहीं कहता कि आप इच्छा रखें ही नहीं। इच्छा नहीं रखोगे, तो बड़ा आदमी कैसे बनोगे। जो लोग आकांक्षा रखते ही नहीं, वे जिंदगी में कभी सफल नहीं हो सकते। अतः जीवन में कामयाबी के लिए इच्छाओं का गला नहीं घोटना चाहिए। बात सिर्फ इतनी है कि इच्छा रखें, आकांक्षा पालें, लेकिन साथ-ही-साथ इस पर विचार करें कि क्या आप अपनी इच्छा को पूरा कर सकते हैं? क्या आप अपनी आकांक्षा को पा सकते हैं? क्या आपके पास उस तरह की योग्यता व सामर्थ्य है? मन में विचार करिए, चिंतन करिए, जब आपका उत्तर 'येस' होगा, तो फिर आगे बढ़ जाइए। अगर आपका उत्तर–'नो' है, तो बैठ जाइए। बड़ी इच्छा

की जगह छोटी इच्छा रखें और आगे बढ़ जाएँ। यह पूरी भी होगी और आपको संतोष व सुकून भी देगी।

अपनी योग्यता व क्षमता की पहचान करना भी एक कला है। यह कला हर व्यक्ति के पास होती है, लेकिन लोग इसका कम ही प्रयोग करते हैं। क्योंकि वे कला का इस्तेमाल करना जानते ही नहीं। जिस दिन आपने खुद का आकलन कर लिया, जिंदगी का सही मार्ग मिल जाएगा।

नेपोलियन बोनापार्ट को अपनी प्रतिभा, योग्यता व क्षमता का पूरा-पूरा ज्ञान था। उसमें गजब का आत्मविश्वास था। उसकी इच्छा-शक्ति भी गजब की थी, लेकिन वह इसके लिए योग्य था। वह समर्थ था और पूरी सामर्थ्य रखता था।

यह नेपोलियन ही था, जिसने अपनी हर इच्छा को साकार किया और कहा कि मेरी डिक्शनरी में 'असंभव' नाम का कोई शब्द नहीं है।

जी हाँ, यह नेपोलियन ही था, जिससे दुनिया डरती थी। क्योंकि उसमें योग्यता थी। सामर्थ्य थी। अगर नेपोलियन में यह सब नहीं होता, तो वह अपना कोई भी सपना साकार नहीं कर सकता था।

अतः आज के मनुष्य को भी अपनी योग्यता व सामर्थ्य को देखते हुए ही अपनी इच्छा व सपने की दुनिया में जाना चाहिए और अपना स्वप्न साकार करने की चेष्टा करनी चाहिए।

कुछ लोग कहते हैं कि ईश्वर चाहे, तो व्यक्ति की हर मुराद पूरी हो सकती है। मैं इसमें इत्तेफाक नहीं रखता। सबसे पहली बात यह है कि अगर सब-कुछ ईश्वर के चाहने से होगा, तो क्यों कुछ लोग अमीर बन जाते हैं, जबकि कुछ लोग फटेहाल रह जाते हैं? क्यों कुछ लोग इस दुनिया में अपनी पहचान छोड़ जाते हैं, जबकि अनेक

लोग धरती का बोझ बने रहते हैं? जबकि ईश्वर की संतान सारे मनुष्य हैं, फिर ईश्वर भेदभाव क्यों करता है?

इसको समझने की जरूरत है। वास्तव में, ईश्वर की संतान तो सब हैं, लेकिन ईश्वर उनकी ही मदद करता है, जो लोग स्वयं अपनी मदद करते हैं। जो लोग मेहनती होते हैं। जो लोग दृढ़संकल्पी व अपने वचन के पक्के होते हैं। जो लोग अपने कार्य में जुटे रहते हैं। ऐसे लोगों को ही ईश्वर की कृपा मिलती है। शेष लोगों को कुछ नहीं मिलता।

इस दुनिया में आप ऐसे लोगों को भी देख सकते हैं, जो मंदिर या चौराहे पर बैठे रहते हैं और ईश्वर के नाम पर कुछ दे दो बाबा! की रट लगाकर सामने से जा रहे लोगों के आगे हाथ फैला देते हैं। क्या आप ऐसे लोगों से जिंदगी में कुछ बनने की उम्मीद कर सकते हैं?

बिलकुल नहीं।

दोस्तो, याद रखो–अगर आपने कोई भी इच्छा कर ली है, तो उसको पाने के लिए मेहनत करिए। ईमानदारी से, एक अच्छी नीयत से मार्ग का अवलोकन करिए और फिर तब तक उसमें डूबे रहिए, जब तक कि आप लक्ष्य हासिल नहीं कर लेते।

विश्व में अनेक महान् व्यक्ति हुए हैं। उन्होंने बड़ा आदमी बनने के लिए अपने कुछ विचार दिए। कुछ सिद्धांत बनाए। उनका पालन किया, और जो मार्ग चुना, वह मध्यम मार्ग ही था। यह मार्ग सपने व इच्छाओं का मार्ग था, जो न छोटा था और न ही इतना बड़ा कि उसे पूर्ण न कर सके।

ओ मानव! एक पल भी व्यर्थ मत गँवा। समय बीत जाने के बाद तू उस पल के लिए तरसता रहेगा।

यदि कुछ करना है, तो समय का सदुपयोग करना सीख लें।

–रिचर्ड जानसन

मरते समय तुम्हारा कोई भी कार्य अधूरा नहीं रहना चाहिए।

–अरस्तू

दोस्तो, आखिर में मैं आपको बताता हूँ कि आप कैसी व कितनी बड़ी इच्छा रखें तथा उसे कैसे पूर्ण करें।

इच्छाएँ अनंत होती हैं। सामान्य इच्छाओं को टाल दीजिए और कुछ ऐसी इच्छाओं की सूची तैयार करें, जो आपके जीवन, व्यवहार, विचार व कैरियर की एक नई दिशा व ऊर्जा प्रदान करे।

अनेक विविध इच्छाओं की जगह कुछ मध्यम, संतुलित इच्छाओं की जगह दें। उन्हें पूर्ण करने के लिए अपनी जान लगा दें।

किन–किन बातों का रखें ख्याल?

- वक्त का सदुपयोग करें।
- समय पर कार्य करें।
- कार्य अधूरा न रखें।
- आलस्य का त्याग करें।
- लगातार परिश्रम करते रहें।
- अपने भीतर के शत्रुओं को परास्त करें।
- स्वयं पर भरोसा रखें।
- विश्वास व उम्मीद का दामन थामे रहें।

- योजना बनाकर लक्ष्य के लिए कार्य करें।
- स्वयं की योग्यता व क्षमता का मूल्यांकन करें।
- दृढ़ इरादा।
- समय की कीमत समझें।

विश्वास करें, जो व्यक्ति उपरोक्त तथ्यों को अपने जीवन में स्थान देता है, तथा उसके लिए कार्य करता है, तो यकीन मानिए, उसका हर ख्वाब पूरा होगा।

> यदि अपना शुभ चाहते हो तो काम करते रहो। आलस्य त्याग देने से तुम्हें सब-कुछ मिल जाएगा। आपके जीवन में कुछ शत्रु हैं, उनकी पहचान कर लो। इसी में तुम्हारी भलाई है। आलस्य, चिंता, दूसरों पर भरोसा, समय की बर्बादी—इन चारों शत्रुओं पर विजय प्राप्त करो। तुम्हारा कल्याण होगा।
>
> —रिंगसेन
>
> अपना जीवन बनाना-बिगाड़ना तुम्हारे अपने हाथों में है। जो भी करो, एक संपूर्ण परिकल्पित योजना बनाकर करो।
>
> —अल्वा एडीसन

उपरोक्त तथ्यों पर हलका प्रकाश डाल देना चाहता हूँ, यह आपके लिए उपयोगी होगा।

वक्त का सदुपयोग

रिचर्ड जानसन ने कहा है—ओ मानव! एक पल भी व्यर्थ मत गँवा। समय बीत जाने के बाद तू उस पल के लिए तरसता रहेगा। यदि कुछ करना है, तो समय का सदुपयोग करना सीख ले।

वक्त का सदुपयोग करना एक कला है। यह ऐसी कला है, जिसमें सिद्धहस्त होने की जरूरत है। वक्त हर किसी के पास होता है। लेकिन सब लोग वक्त का सदुपयोग करना नहीं जानते। अगर वह वक्त गुजर गया, तो लौटकर नहीं आएगा। इसलिए समझदार व ज्ञानी मनुष्य वक्त के साथ चलते हुए वक्त का सदुपयोग करके अपने जीवन में ऊँचा उठ जाते हैं और अपनी पहचान कायम करते हैं।

समय पर कार्य करें

समय पर कार्य करने वाला सदा सुखी व स्वस्थ रहता है। समय पर कार्य करने से आत्म-विश्वास बढ़ता है और सफलता का विश्वास प्रबल होता है। अगर वर्षा समय पर हो, तो किसान की खुशी बढ़कर दोगुनी हो जाती है। इसी तरह आप कोई भी कार्य हो, उसे समय पर करें और अपनी सफलता सुनिश्चित करें।

कार्य अधूरा न रखें

अनेक व्यक्ति होते हैं, जो पूरे जोश-खरोश के साथ अपना कार्य शुरू करते हैं। लेकिन जैसे ही कार्य करने में कठिनाइयाँ होती हैं, वे कार्य को अधूरा छोड़ देते हैं और फिर कोई नया कार्य शुरू कर देते हैं। इस बात की क्या गारंटी है कि वह कार्य भी अधूरा ना हो। यह फितरत ही मनुष्य को दुविधाओं में भटका देती है और वह इस प्रकार से किसी भी कार्य को पूरा नहीं कर पाता।

अरस्तू ने कहा है कि अपना हर कार्य पूरा करो, ताकि मरते समय यह अफसोस न रहे कि यह कार्य अधूरा रह गया। कठिनाइयाँ तो आती ही हैं। यह स्वाभाविक भी है। लेकिन कठिनाइयों का सामना करने के बजाए इस तरह से हिम्मत हारकर बैठ जाओगे।

आलस्य का त्याग करें

रिंगसेन ने कहा है कि यदि अपना शुभ चाहते हो, तो काम करते रहो। आलस्य का त्याग करने से तुम्हें सब-कुछ मिल जाएगा।

अनेक लोग ऐसे होते हैं, जो अपने जीवन में इतने आलसी होते हैं कि प्यास लगने पर उठकर पानी नहीं पी सकते। कुछ लोग तो इतने आलसी होते हैं कि बेड पर पड़े-पड़े ही सब-कुछ मँगा लेते हैं। जब ऐसे लोग अपनी कोई इच्छा पूरी करते हैं, तो उन्हें कदम-कदम पर मुश्किलातों का सामना करना पड़ता है। अपनी आलस्य नीति के कारण ही उन्हें सफलता नहीं मिलती और वे हारकर बैठ जाते हैं।

आलसी लोगों के लिए मन की चाह पूरी करना संभव नहीं है। अतः दोस्तो, अपनी इच्छा पूरी करना चाहते हो, तो अपने अंदर के आलस्य को मार भगाओ। नई ऊर्जा व उत्साह-फुर्ती के साथ कार्य करो। देखें, फिर सफलता कैसे नहीं मिलती है।

लगातार परिश्रम करते रहें

रुजवेल्ट का नाम सुना होगा। वे अमेरिका के राष्ट्रपति थे। उसी रुजवेल्ट ने कहा था कि मैंने अपने जीवन में वह सब-कुछ पा लिया, जिसकी मैंने इच्छा की थी। इसका कारण था, मेरा आत्मविश्वास व परिश्रम।

> मैं तुझे वह सब-कुछ दूँगा, जो तू चाहता है। उठ! स्वयं को पहचान ले।
>
> —अरस्तू
>
> मैंने वह सभी कुछ पाया, जिसकी मैंने इच्छा की। इसका प्रमाण मेरा अपना जीवन है।
>
> —रुजवेल्ट

जी हाँ, आत्मविश्वास व परिश्रम सफलता की कुंजी है। अगर आप चाहते हैं कि अपनी इच्छा पूरी करें, तो खुद पर भरोसा रखें और सपने को साकार करने के लिए लगातार परिश्रम करते रहें।

अपने भीतर के शत्रुओं को परास्त करें

मैं आपसे एक सवाल करता हूँ–आपके अंदर के शत्रु कौन–कौन से हैं? आप चकरा जाएँगे।

लेकिन यह सच है कि हर मनुष्य के अंदर शत्रु बैठा है। वह संख्या में अनेक हो सकता है। आगे बढ़ने से पहले, मैं रिंग सेन के उस कथन पर दृष्टिपात करना चाहता हूँ, जिसमें उन्होंने कहा था– मनुष्य के जीवन में कई शत्रु हैं, एक समझदार व्यक्ति को उसकी पहचान कर लेनी चाहिए।

अगर आप अपना जीवन सफल बनाना चाहते हैं, तो यह काम आपको करना ही होगा। इसी में आपकी भलाई है।

आपके जीवन में शत्रु कौन–कौन–से हैं? शायद आप ठीक से जवाब नहीं दे सकें।

रिंगसेन के शब्दों में–मनुष्य के भीतर चार शत्रु बैठे हैं। ये हैं–

- आलस्य
- चिंता
- दूसरों पर भरोसा करना
- समय की बर्बादी का भाव।

रिंगसेन ने दावा किया है कि जो लोग इन चारों शत्रुओं पर विजय प्राप्त कर लेते हैं, वे अपने जीवन में हर स्वप्न को साकार कर लेने की योग्यता रखते हैं।

> मनुष्य की क्षमता की जाँच उसकी इच्छा है।
>
> —स्टेन बेक
>
> अगर आपने अपना समय बर्बाद कर दिया, तो फिर अपनी इच्छापूर्ति का दावा क्यों? जीवन-भर दुःख व त्रासदी का जमघट ही रहेगा।
>
> —बर्ट्रैण्ड रसल

आलस्य के बारे में तो मैंने बता ही दिया है। अब चिंता के बारे में भी जान लें। चिंता चिता समान है। यह मनुष्य के स्वास्थ्य को नष्ट कर देती है। अगर कार्य ना हो, तो चिंता सवार हो जाती है, जो मनुष्य के मनोबल को लगातार कमजोर करती जाती है।

कुछ लोग दूसरों पर भरोसा करके अपना कार्य करते हैं। ऐसे लोगों को अक्सर धोखा मिलता है। क्योंकि इस दुनिया में अधिकतर लोग अपना काम बनाने के लिए ही आपके साथ जुड़े होते हैं। जब तक फायदा रहता है, तब तक तो ठीक है। लेकिन जैसे ही उनका काम बना, वे आपका साथ छोड़ देते हैं। अतः जो लोग अपना कोई लक्ष्य प्राप्त करना चाहते हैं, उन्हें स्वयं पर भरोसा रखना चाहिए और अपनी काबिलियत पर विश्वास। उन्हें हमेशा सफलता मिलेगी।

दोस्तो, समय को कभी बर्बाद मत करो। समय निरंतर गतिशील है। समय बलवान् भी है। आपके पास जितना भी वक्त है, उसका पूरा-पूरा लाभ उठाएँ। समय हाथ से निकल जाएगा, तो वह दोबारा लौटकर नहीं आता। अतः यह न सोचें कि आज का काम कल पर टाल दें। ऐसे तो आपके जीवन में कल कभी नहीं आएगा।

स्वयं पर भरोसा रखें

हर व्यक्ति को स्वयं पर भरोसा रखना चाहिए। अपनी कोई भी इच्छा हो, उसे पूरा करते समय मन में दोहराएँ कि यह पूरी तरह संभव होगा। जब तक आपकी इच्छा पूरी ना हो, आप लक्ष्य को प्राप्त ना कर लें, तब तक आप चैन से न बैठें और फिर देखिए कि आपका भरोसा व कार्य करने का तरीका क्या गुल खिलाता है।

विश्वास व उम्मीद का दामन थामे रहें

विश्वास व उम्मीद ही वह शक्ति है, जो आपसे काम कराती है और लक्ष्य को आसान बना देती है। जिस व्यक्ति में यह तत्त्व ना हो, वह कभी अपने लक्ष्य के प्रति समर्पित हो ही नहीं सकता और ना ही लक्ष्य को प्राप्त करने के लिए वह कार्य कर सकेगा, जिसमें मंजिल करीब आती जाती है। अतः दोस्तो, हमेशा अपने दिल में विश्वास व उम्मीद का दीया जलाए रखें।

योजना बनाकर लक्ष्य के लिए कार्य करते रहें

अल्वा एडीसन ने कहा है कि अपना जीवन बनाना-बिगाड़ना तुम्हारे अपने हाथों में है। जो भी करो, एक संपूर्ण परिकल्पित योजना बनाकर करो।

जी हाँ, तकदीर कुछ नहीं होती। अपनी तकदीर के मालिक आप स्वयं हैं। आप अपने जीवन में क्या पाना चाहते हैं, क्या बनना चाहते हैं, इसका निर्धारण व कार्य आपने स्वयं करना होगा। कोई दूसरा नहीं करेगा।

एडीसन ने कहा है कि लक्ष्य-प्राप्ति के लिए योजना बनाना आवश्यक है। बिना योजना के आपका कार्य सफल नहीं होता है।

माना कि आपको इंजीनियर बनना है, तो इसके लिए शुरू से ही एक योजना बनाकर आपको कार्य करना होगा। यही परिकल्पित योजना है, जो सफलता के शिखर पर पहुँचाएगी। इसमें कोई संदेह नहीं है।

स्वयं की योग्यता व क्षमता का मूल्यांकन करें

आपकी योग्यता व क्षमता क्या है? लक्ष्य की दिशा व दशा मुकर्रर करने से पहले इसका पता कर लें, तो आपको निराश होने की नौबत नहीं आएगी। कुछ लोग अपनी योग्यता को जाँचे-परखे बगैर ही इच्छा बनाकर काम करने लगते हैं और अधूरी इच्छा के साथ ही निराश होकर बैठ जाते हैं।

दृढ़ इरादा

अगर आपका इरादा पक्का हो, कार्य करने की पूर्ण क्षमता हो, तो सफलता को कोई टाल नहीं सकता। अपना हर ख्वाब पूरा कर सकते हैं। यकीन करिए, यह वह गुण है, जो कार्य को सरल व सरस बनाकर उसे आसान बना देता है।

दोस्तो, दृढ़ इरादे के साथ अपने मार्ग पर अग्रसर हो जाएँ और सफलता के साथ अपनी पहचान स्थापित करें।

समय की कीमत समझें

समय के बारे में अनेक पुस्तकें लिखी गई हैं। समय को मूल्यवान कहा गया है। 'टाइम इज मनी' यानी समय ही धन है। समय आगे निकल जाने पर व्यक्ति को ताउम्र पछताना पड़ता है।

समय के संदर्भ में ही एक पुरानी कहावत है—अब पछताए होत क्या, जब चिड़िया चुग गई खेत।

दोस्तो, इस अध्याय में मैंने कुछ महत्त्वपूर्ण, उपयोगी बिंदुओं पर प्रकाश डाला है और आपसे आग्रह है कि अगर आपका कोई भी ख्वाब हो, तो उसे पूरा करने के लिए इस अध्याय में दिए गए विचारों का अनुशीलन जरूर करें और सफलता को प्राप्त करें।

2

हेल्थ इज वेल्थ

हेल्थ इज वेल्थ, जिसका अर्थ होता है–स्वास्थ्य ही धन होता है। एक शरीर से कमजोर व्यक्ति सफलता से वंचित रह जाता है। रुपया कमाने के लिए कड़े परिश्रम व भाग–दौड़ की जरूरत होती है। कमजोर व्यक्ति उस तरह का परिश्रम व भाग–दौड़ नहीं कर सकता। इसलिए वह धन से वंचित रह जाता है। लेकिन वह व्यक्ति, जो स्वास्थ्य से संपन्न है, अच्छी सेहत का मालिक है, खूब परिश्रम करता है और रुपया कमाता है।

अगर शरीर विभिन्न व्याधियों से जकड़ा हो, तो ऐसा व्यक्ति चाहकर भी कुछ नहीं कर सकता। ना तो वह परिश्रम कर सकता है और ना ही भाग–दौड़। ऐसे व्यक्ति का मानसिक स्तर भी गिरा होता है। क्योंकि वह कभी अच्छी बातें सोच ही नहीं सकता।

इस तरह के अनेक उदाहरण भरे पड़े हैं, जब एक स्वस्थ व सेहतमंद व्यक्ति ने विभिन्न क्षेत्रों में सफलता के नए–नए कीर्तिमान स्थापित किए हैं।

जिन व्यक्तियों के पास पहले से धन पड़ा हो, लेकिन उनकी सेहत ठीक नहीं रहती, तो ऐसे धन का अक्सर दुरुपयोग ही होता है। वह धन उनके किसी काम नहीं आता। बीमारियों के इलाज में धन का नाश हो जाता है। रोगी व्यक्ति विभिन्न तरह के अवसादों से घिर जाता है।

जन्म से व्यक्ति प्रायः सेहतमंद ही होता है। धरती पर आकर वह अपना स्वास्थ्य बिगाड़ना शुरू कर देता है। कुसंगति में पड़ जाता है। तरह-तरह के व्यसनों व दूषित जीवन-शैली का शिकार होकर धीरे-धीरे वह अपनी ऊर्जा व क्षमता को नष्ट करता जाता है। उसमें रोग लगते जाते हैं। फिर व अपनी बीमारियों के इलाज में जीवन के बहुमूल्य समय को नष्ट कर देता है। इस तरह से वह जिंदगी-भर गरीब का गरीब ही रह जाता है।

यह नहीं भूलना चाहिए कि स्वास्थ्य ही हमारा वह धन है, जो दुनिया के हर धन से बड़ा है। क्योंकि जहाँ स्वास्थ्य है, वहीं सौंदर्य भी है। स्वास्थ्य व सौंदर्य दोनों मिलकर ही धन कमाते हैं।

जरा सोचिए, एक अंधे व्यक्ति को संसार की खूबसूरती का क्या अहसास होगा। वह तो निराशा के गर्त में डूबा ही रहता है। उसकी सोच व विचार पर भी उदासी छाई रहती है।

इसी तरह से एक बीमार व्यक्ति घर में सब-कुछ रहते हुए भी वह अच्छा खा-पी नहीं सकता, क्योंकि वह बीमार है और डॉक्टरों ने कई चीजें न खाने की सलाह दे रखी होती है। ऐसी जिंदगी को कोसते हुए बीमार व्यक्ति का मन तरह-तरह के व्यंजनों का स्वाद लेने के लिए तरसता रह जाता है।

हम ऐसी स्थिति को आने ही क्यों दें? क्यों नहीं स्वस्थ रहने के तौर-तरीकों को अपनाएँ?

दोस्तो, स्वस्थ रहने के लिए अपनी जीवन-शैली को सरल बनाना जरूरी होता है।

आज की भाग-दौड़ भरी जिंदगी में किसी व्यक्ति के पास न तो सही समय पर नाश्ता करने और खाने का वक्त होता है और न ही विश्राम करने की फुर्सत। भौतिकता की होड़ में व्यक्ति मशीन

होता जा रहा है। किसी तरह रुपया-पैसा उसे चाहिए। इसके लिए वह खूब मेहनत कर रहा है। भाग-दौड़ कर रहा है। जबकि सेहतमंद होने के लिए आराम भी चाहिए। स्वस्थ शरीर के लिए समय पर नाश्ता-भोजन चाहिए। आहार-विहार के कुछ नियम भी बनाए गए हैं। उनका पालन करना जरूरी है। कितने लोग यह सब कर पाते हैं।

आपने देखा होगा, शाम के समय फास्ट फूड स्टॉल पर लोगों की भीड़ लग जाती है। क्या बच्चे, क्या बूढ़े, सब स्टॉल पर टूट पड़ते हैं और चटखारे ले-लेकर व्यंजन का स्वाद लेते हैं। क्या आपको पता है कि इन व्यंजनों से आपका स्वास्थ्य चौपट होता जा रहा है?

जी हाँ, ये फास्ट फूड शरीर व स्वास्थ्य के लिए हानिकारक होते हैं। फास्ट फूड में ऐसा कुछ नहीं होता, जिससे शरीर को अच्छी तरह पोषण मिल सके। फास्ट फूड में कुछ ऐसे हानिकारक तत्त्व होते हैं, जिनसे शरीर को नुकसान ही होता है। यह पाचन तंत्र को कमजोर करता है।

अगर व्यक्ति का पेट ही खराब रहे, तो उसका स्वास्थ्य कैसे उत्तम रह सकता है। पेट से ही होकर हजार बीमारियाँ उत्पन्न होती हैं और व्यक्ति को विभिन्न व्याधियों का शिकार बना देती है।

माँस-मदिरा का सेवन आज हर नौजवान की जरूरत है। ये दोनों ही पदार्थ व्यक्ति की कार्यक्षमता को प्रभावित करते हैं। माँस से शरीर पुष्ट तो होता है, लेकिन यह मोटापा को बढ़ाता है। मदिरा एक उत्तेजक पदार्थ है, जो व्यक्ति के चरित्र को भ्रष्ट करता है। यह उत्तेजना भड़काता है।

आज के नौजवान कल की परवाह नहीं करते। वे माता-पिता की सलाह भी नहीं मानते और यही कारण है कि कुछ समय के बाद प्रकृति उन्हें सबक सिखा देती है। तब पछताने के सिवा वे कुछ नहीं

कर सकते। तब उन्हें माता-पिता व शिक्षकों की कही बात याद आती है। लेकिन तब तक वे अपना स्वास्थ्य चौपट कर चुके होते हैं।

इस दुनिया में चरित्र, विचार, स्वास्थ्य व मनुष्य की ख्याति की चर्चा होती है। सुंदर चरित्र व्यक्ति का गहना होता है। यह उसकी गंभीरता व ओज को बढ़ाता है। एक सुंदर चरित्र का व्यक्ति ही स्वस्थ व सेहतमंद होता है।

सुंदर चरित्र क्या है, दिल में किसी तरह की ईर्ष्या भाव नहीं रखना, लोगों से प्यार करना, बड़े-बुजुर्गों का सम्मान करना, हिंसा की भावना को स्थान न देना, सबकी इज्जत करना, मुस्कराकर बातें करना और जरूरतमंदों का सहयोग करना आदि सुंदर चरित्र की विशेषता होती है।

जिसका चरित्र सुंदर होता है, वही अंदर से दृढ़ व मजबूत होता है। वह बुरे हालातों में भी विचलित नहीं होता और हमेशा अपने कर्त्तव्य पथ पर अग्रसर रहता है और सफलता प्राप्त करता है।

जिस व्यक्ति का चरित्र सुंदर होता है, वह अपने रक्त, वीर्य की रक्षा करता है और सुंदर स्वास्थ्य का मालिक होता है। ऐसा व्यक्ति दूसरों पर प्रभाव जमाने में सफल हो जाता है। ऐसा व्यक्ति हमेशा प्रशंसा का पात्र बनता है।

जिन लोगों के चरित्र सुंदर होते हैं, उनके विचार भी उम्दा होते हैं। वे सोच-समझकर बोलते हैं और हमेशा अच्छे निर्णय लेते हैं। ऐसे लोगों में परिपक्वता वक्त से पहले आ जाती है। वे सोच-विचार करके अच्छे फैसले लेते हैं। ऐसे लोगों के विचार संकीर्णता से ऊपर उठे होते हैं। ऐसे लोगों के अंदाज भी निराले होते हैं।

इतिहास में ऐसे अनेक उदाहरण भरे हैं, ऐसे लोगों ने ही ख्याति हासिल की है। ख्याति प्राप्त करना सरल नहीं होता। लेकिन जिनका

चरित्र मजबूत होता है, वे ही सफलता को अपने नाम कर लेते हैं। ऐसे लोग अगर किसी काम को शुरू कर देते हैं, तो तब तक चैन से नहीं बैठते, जब तक कि वह कार्य पूरा नहीं हो जाता।

इस तरह से हम देखते हैं कि सुंदर चरित्र का निर्माण होने से व्यक्ति को सब-कुछ मिल जाता है। उत्तम स्वास्थ्य, विचार, चिंतन, सफलता आदि सब-कुछ सहज हो जाता है।

अतः हमें सुंदर चरित्र भी चाहिए।

आज हम देखते हैं कि हमारे आस-पास अनेक लोग मिल जाएँगे, जो दूषित चरित्र का प्रदर्शन करते हैं। अगर एक लड़का किसी लड़की से दोस्ती करता है अथवा दोस्ती करने की कोशिश करता है, तो उसका कहीं-न-कहीं यही लक्ष्य होता है कि किसी-न-किसी प्रकार से लड़की का शरीर हासिल कर सके। इसके अलावा बहुत कम लड़के होते हैं, जो पवित्र भाव से किसी युवती से दोस्ती करते हैं।

आज हमारे समाज में दूषित चरित्र के कारण ही अपराध व तरह-तरह के विकार उत्पन्न हो रहे हैं। हत्या, लूट-पाट, यौन-शोषण, व्यभिचार, भ्रष्टाचार, ये सारे कारनामे दूषित चरित्र के कारण उत्पन्न हो रहे हैं। लोगों का दिल छोटा होता जा रहा है। हर व्यक्ति स्वार्थ में डूबा है और स्वयं पर तथा दूसरों पर जुल्म ढा रहा है। जिस तरह से हालात बनते जा रहे हैं, वहाँ पवित्रता का कोई मोल नहीं रह जाता है।

ऐसे में आप स्वस्थ समाज व स्वस्थ व्यक्ति की कल्पना ही नहीं कर सकते।

हेल्थ इज वेल्थ अंग्रेजी की मशूहर कहावत है, जो सदियों से लोगों को सुनाया जा रहा है। लोगों की जुबान पर है, लेकिन वर्तमान समाज व युग में इसका कोई मोल नहीं है।

स्वस्थ रहने के तरीको को कोई आजमाना नहीं चाहता। क्योंकि इसके लिए उनके पास वक्त कहाँ है। यही कारण है कि लोग बीमार पड़ते जा रहे हैं।

आज हमारे देश में स्वच्छता अभियान चल रहा है। छोटे से लेकर बड़े गाँव, शहर, नगर सब जगह, संस्थानों में, दुकानों में, सड़कों पर, गलियों में सफाई अभियान चलाया जा रहा है।

इसका उद्देश्य केवल देश को ही स्वच्छ नहीं करना है, बल्कि व्यक्ति व समाज को भी स्वच्छ व स्वस्थ रखना है। जहाँ स्वच्छता है, वहीं स्वास्थ्य भी छिपा है। लेकिन कितने लोग इस सूत्र का पालन कर रहे हैं।

वास्तव में, किसी के पास वक्त नहीं है। हर व्यक्ति साधनों का उपयोग करना चाहता है। लेकिन साधनों को कारगर रखना भी तो उसका काम होता है। ऐसा वह क्यों नहीं करता?

अनेक छात्र शुरू में तो पढ़ते नहीं और खूब मौज-मस्ती करते हैं। लेकिन जब परीक्षा का वक्त करीब आता है, तो रात-दिन पढ़ाई में डूबे रहते हैं। इससे वे बीमार पड़ जाते हैं। पढ़ाई से कुछ हासिल होता है या नहीं, यह तो बाद की बात है। लेकिन परीक्षा की सनक में वे बीमार जरूर हो जाते हैं।

ऐसी पढ़ाई का क्या, जो स्वास्थ्य को ही चौपट कर दें।

दोस्तो, केवल इतना ही नहीं, जब-जब मनुष्य में प्रकृति पर अन्याय किया है, उसने अपने स्वास्थ्य व जीवन दोनों को ही दाँव पर लगाया है। एक व्यवस्था का अभाव व्यक्ति को उसके मूल तत्त्वों व गुणों में कही दूर ले जाता है और उसे बीमार बना देता है।

विश्व प्रसिद्ध प्रोफेसर डॉ. लारेगो एन. फीलर ने स्वस्थ व दीर्घायु जीवन के लिए अपने अनुभवों के आधार पर 10 नियम बनाए

और लोगों को उनका पालन करने के सुझाव दिए। आप भी जानिए कि उनके 10 नियम कौन-कौन से हैं–

- जीवन में कठोर परिश्रमी बनो।
- सदा क्रोध व दुःख से दूर रहने की चेष्टा करो।
- रोजाना थोड़ा व्यायाम करो।
- संयम का पालन करो।
- सप्ताह में एक दिन पूर्ण विश्राम करो।
- दिन में दो बार भोजन करो।
- अपनी योग्यता व क्षमता का भरपूर लाभ उठाओ।
- अधिक चिंता व तनावग्रस्त जीवन से बचो।
- अपनी आय व सामर्थ्य का सही मूल्यांकन करो।
- मिथ्या वचन से बचो। व्यसनी लोगों से दोस्ती मत करो।

अगर आप गहराई से विचार करें, तो आपको लगेगा कि ये 10 सूत्र वास्तव में निरोगी काया प्रदान करते हैं।

इन सभी सूत्रों का पालन करने के लिए हमें धैर्य के रास्ते पर चलना होगा। इसके लिए कठोर संकल्प की जरूरत है और अपनी आदत को व्यवस्थित करने की भी।

हालाँकि इन सूत्रों का पालन एक बार में, एक दिन में नहीं किया जा सकता है, लेकिन अगर आपने कोशिश करनी शुरू कर दी, तो धीरे-धीरे आपकी आदत बन जाएगी।

ऐसा कौन व्यक्ति है, जिसको जीने के लिए संघर्ष नहीं करना पड़ता हो। हर व्यक्ति संघर्ष करता है, क्योंकि संघर्ष ही जीवन है। एक छोटे से काम में भी अड़चन आती है। अड़चनों का मुकाबला करें और अपना रास्ता साफ करें। मुसीबत, विपत्ति से भागकर जाओगे

कहाँ? अगर पलायन करने से आपका काम बनता हो, तो पलायन करें। लेकिन इसका यह समाधान नहीं है।

समाधान सूत्र है—हालातों का डटकर सामना करें, ताकि आपका कार्य और आसान हो सके। पीठ दिखाकर भागने से कुछ नहीं होगा।

अगर जीवन में लंबी उम्र की इच्छा रखते हैं, तो स्वास्थ्य के नियमों का जरूर पालन करें।

महिलाओं से अपेक्षा की जाती है कि वे जहाँ भी रहें, अपनी पवित्र भावनाओं का प्रदर्शन करें। महिलाएँ कोमलांगी होती हैं। इसलिए उनमें सदैव उदारता की कामना की जाती है। उदार भावना महिलाओं को पुरुषों से कहीं ज्यादा सेहतमंद बनाती हैं।

चरित्र के दोषों को किसी भी तरह समर्थन नहीं दिया जाना चाहिए। चारित्रिक दोष मनुष्य को सफलता से वंचित कर देते हैं और उसे भटकाते रहते हैं।

न्यूटन का नाम आपने सुना होगा। न्यूटन ने अपने कार्यालय के लिए एक तेजस्वी और मेधावी युवक को अपना सहायक नियुक्त कर लिया था। लेकिन इस युवक का चरित्र दूषित था। एक दिन न्यूटन के उस लड़के ने बातों ही बातों में न्यूटन से हँसी-मजाक कर डाला और उन्हें एक गंदी कहानी सुना डाली। इससे न्यूटन भड़क गए और उन्होंने युवक को नौकरी से निकाल दिया।

तो देखिए, युवक में सारी योग्यताएँ थीं, लेकिन उसका चरित्र दूषित था और इसके कारण ही उसे निकाल दिया गया नौकरी से...।

एक कहानी सुनाता हूँ।

एक राजा था। वह अत्यंत लालची था। वह ज्यादा-से-ज्यादा सोना हासिल करना चाहता था। इसके लिए वह रात-दिन कोशिश में जुटा रहता था।

एक दिन राजा ने मंदिर में जाकर ईश्वर से प्रार्थना की। वह नियमित रूप से प्रार्थना करता रहा। एक दिन ईश्वर ने उसकी भक्ति के भाव से प्रसन्न होकर वरदान दिया–'जिस वस्तु को अपने हाथों से छुओगे, वही सोना हो जाएगा।'

> महिलाओं की जिंदगी का आधा हिस्सा रोने-धोने में ही निकल जाता है। इसलिए महिलाओं को अपने मुँह से व्यर्थ की बातें नहीं निकालनी चाहिए। कई बार वे अपने मुँह को न खोलने का संकल्प कर बैठती हैं, परंतु वे उसके फौरन बाद ही किसी-न-किसी से उस गुप्त बात को अवश्य ही कह देती हैं।
>
> –जॉर्ज इलियट

राजा की खुशी का ठिकाना न रहा।

वह घर लौटा और उस दिन से ईश्वर से मिले वरदान का उपयेाग करने लगा। वह अपने हाथों से जिस चीज को भी छू देता, वही सोना हो जाता। यहाँ तक कि उसका महल, बिस्तर, बेड, कपड़े सब-कुछ सोने के हो गए। उसे खुशी तो हुई कि उसके पास अकूत मात्रा में सोना जमा हो गया था, लेकिन उसे दुःख व परेशानी भी हुई कि अब खाने-पीने की चीजें भी सोने में तब्दील हो रही थीं। यहाँ तक कि पानी भी सोने में परिवर्तित होने लगा। इसमें राजा की परेशानी और भूख-प्यास निरंतर बढ़ती चली गई। एक दिन राजा भूख-प्यास से तड़पकर हमेशा के लिए चल बसा।

वास्तव में, इस कहानी का आशय यह है कि व्यक्ति को प्रकृति के विरुद्ध कोई कार्य नहीं करना चाहिए। लालच बुरी बला है। लेकिन प्रकृति व व्यवस्था को नहीं मानने का हमेशा बुरा हश्र होता है।

इंग्लैंड के निवासी थॉमस पार ने 1486 में जन्म लिया। उसने 87 वर्ष तक अविवाहित रहकर दुनिया के लोगों का ध्यान अपनी ओर आकृष्ट किया। थामस से शादी करने के लिए अनेक युवतियाँ बेकरार थीं। क्योंकि थामस का शरीर सुंदर था और उसके चेहरे पर तेज बरसता था। लड़कियाँ उसके इसी तेज से प्रभावित होती थीं।

आखिर 88 साल की उम्र में थामस को एक लड़की पसंद आ गई। उसने उससे विवाह कर लिया। इतनी लंबी उम्र में शादी करने पर अनेक शुभचिंतकों ने आश्चर्य व्यक्त किया, लेकिन उन्होंने अपना आशीर्वाद भी दिया।

थामस पार बूढ़ा हो चला था, लेकिन वह अंदर से जवान था और हृष्ट-पुष्ट था। युवती के साथ उसका विवाह सुखमय रहा। युवती को भी कोई शिकायत नहीं थी। दोनों एक-दूसरे के प्रति पूरी तरह समर्पित थे।

जब थामस 120 साल का हो गया, तो उसने दूसरा विवाह किया। इस लड़की के साथ भी उसने सुखी दांपत्य जीवन का निर्वाह किया।

कहा जाता है कि 145 साल तक थामस ने बुढ़ापे को स्वयं पर हावी नहीं होने दिया था। दूसरी पत्नी के साथ उसके रिश्ते अच्छे रहे थे।

थामस पार कठोर परिश्रमी था। इसके लिए उसने अपने जीवन में स्वास्थ्य के कुछ नियमों का भी पालन किया था। यह भी कहा जाता है कि इस उम्र में भी वह मूसल से अनाज कूटता था और उसी अनाज को खाता भी था। थामस दिन में केवल दो बार ही भोजन करता था। उसका भोजन

भी सादा व स्वच्छ होता था। यह उसकी आदत में शुमार था।

थामस अच्छे स्वास्थ्य का मालिक था। इसलिए उसके पास दौलत की कोई कमी नहीं थी। इस उम्र में उसके पास अकूत धन जमा हो गया। बेपनाह धन-दौलत ने उसका दिमाग खराब कर दिया।

वह गाँव में रहता था, जहाँ स्वस्थ वायु व शुद्ध पानी, अनाज मिलता था। लेकिन दौलत के नशे में चूर होकर वह शहर आकर बस गया, तो शहरी माहौल ने उसमें ढ़ेर सारे ऐब पैदा कर दिए। वह शराब पीने लगा। सुंदर-सुंदर लड़कियों से इश्क रचाने लगा और इसके अलावा वह सब-कुछ करता, जो उसकी सेहत को नष्ट करता जा रहा था।

थामस ने शहर में आकर विलासिता भरा जीवन अपना लिया था। ये सारे दोष व ऐब उसके स्वास्थ्य के शत्रु बन गए। एक दिन उसे गहरा रोग लग गया। उसका फेफड़ा खराब हो गया। इसी बीमारी ने उसे मार डाला। 1635 में उसका देहांत हो गया।...

थामस पार की कहानी आप पढ़ चुके हैं। जब तक वह संयमित जिंदगी जीता रहा, तब तक तो वह निरोगी रहा, लेकिन जैसे ही उसने विलासिता जिंदगी को अपनाया, स्वास्थ्य के दोषों ने उसे ग्रसित करना शुरू कर दिया व अनियमित, अनियंत्रित जीवन-शैली ने एक दिन उसे मौत की नींद सुला दिया था।

इसी से मिलती-जुलती एक और कहानी है। मैं चाहता हूँ कि यह भी आप जान लें।

यह कहानी गैब्शन नामक एक व्यक्ति की है, जो लंबे अरसे तक जीता रहा।

गैब्शन ने 140 साल तक जिंदगी जी। इस दौरान उसने चार-चार शादियाँ कीं। उसने अपनी सभी बीवियों को पूरा सुख दिया। जब वह मर रहा था, तब भी वह स्वस्थ था।

गैब्शन ने अपने जीवन में स्वास्थ्य की चिंता की थी। वह स्वास्थ्य के नियमों का पालन करता रहा। उसने हमेशा दिन में दो बार से ज्यादा खाना नहीं खाया था। वह हमेशा सादा भोजन करता रहा।

इसके अलावा उसकी लंबी आयु का राज प्रातःकाल का भ्रमण भी रहा था। वह नियमित रूप से प्रातःकालीन भ्रमण पर जाता रहा था।

गैब्शन ने अपनी जीवनचर्या तय कर ली थी। वह इसे पालन करने के लिए दृढ़प्रतिज्ञ था। लाख रुकावटें आईं, लेकिन वह दिनचर्या के पालन पर अडिग रहा।

इससे यह समझा जा सकता है कि मनुष्य अपने स्वास्थ्य का निर्माता स्वयं है। अगर वह यह संकल्प कर ले कि उसे अपनी सेहत की रक्षा करनी है, सेहतमंद बनना है, तो ऐसा वह कर सकता है।

दोस्तो, स्वास्थ्य बनाना-बिगाड़ना आपके हाथ में है। कोई भी सुंदर चीज हो, उसे नष्ट करना आसान है। लेकिन एक नष्ट की हुई चीज को फिर से बनाना अथवा खड़ा करना उतना ही मुश्किल होता है।

अनेक नौजवान जवानी के दिनों में अपने स्वास्थ्य को चौपट कर लेते हैं। उनमें तरह-तरह के व्यसन लग जाते हैं। साथ-संगत का भी असर पड़ता है। वह यह भूल जाते हैं कि स्वास्थ्यरूपी धन एक बार हाथ से निकल जाता है, तो फिर से उसे बनाने अथवा हासिल करने में काफी वक्त लग जाता है। कभी-कभी तो स्वास्थ्य दोबारा लौटकर आता ही नहीं।

इसलिए अपने स्वास्थ्य की रक्षा करें। स्वास्थ्य के नियमों का पालन करें। ईष्या-द्वेष से दूर रहें। ईश्वर ने आपको जो अमूल्य संपत्ति दी है, उसकी रक्षा करें। यही संपत्ति आपके जीवन में काम आती है और आपके हर स्वप्न को पूरा करती है।

इस दुनिया में हर चीज की अपनी व्यवस्था व मर्यादा होती है। उसे प्रकृति के साथ चलते हुए ही स्वीकार करना चाहिए। आपकी कोई भी अनमोल वस्तु हो, जब तक आप उसकी रक्षा करते रहेंगे, तब तक तो ठीक है, सुरक्षित है, लेकिन जैसे ही आप लापरवाह होंगे, वस्तु आपके हाथ से निकल जाएगी।

अपना खानपान दुरुस्त रखें

हर व्यक्ति को अपने शारीरिक ढाँचे के अनुसार भोजन लेना चाहिए। भोजन शरीर को काम करने की ऊर्जा प्रदान करता है। हम जो खाना खाते हैं, वह शरीर के अंगों को काम करने की शक्ति प्रदान करता है। शरीर में रक्त संचार को दुरुस्त करता है और शरीर के विभिन्न अवयवों में समन्वय रखता है। लेकिन इसके लिए हमारा खानपान उपयुक्त होना चाहिए। खानपान में गड़बड़ी होने पर हम बीमार हो सकते हैं। आवश्यकता से कम भोजन भी शरीर को बीमार करता है, तो आवश्यकता से ज्यादा भोजन भी हमें मुसीबत में डाल सकता है। भोजन ऐसा होना चाहिए, जो हमारी प्रकृति व शरीर की रचना के समर्थ हो सके। हमेशा सादा व स्वच्छ भोजन ग्रहण करना चाहिए। खानपान सादा रहे, तो स्वास्थ्य व आयु में इजाफा होता है। हम रोगों से दूर रह सकते हैं। सुंदर चरित्र का निर्माण होता है। यह सब हमारे भोजन व भोजन की प्रकृति पर ही निर्भर करता है।

एक पुरानी कहावत है–सादा जीवन उच्च विचार। अपने जीवन में इस दृष्टिकोण का पालन करिए। तड़क भरी दुनिया में जाने पर

आपके विचार भी प्रदूषित हो जाते हैं। लेकिन अगर आपने अपना जीवन सरल कर दिया है, तो यकीन करिए, अपनी सेहत को सुरक्षित करने की तैयारी कर ली है।

हमारे स्वास्थ्य को विचार भी प्रभावित करते हैं। कहा जाता है कि जैसा खाओगे अन्न, वैसा होगा आपका मन!

यह बिल्कुल सही बात है कि हमारा खानपान जैसा होगा, हमारा मन व विचार भी वैसा ही होगा। अगर हम दूषित भोजन करेंगे, तो हमारे विचार भी दूषित ही होंगे। हम अपने दृष्टिकोण को कभी भी विस्तृत नहीं कर पाएँगे। हमारे सोचने व विचारने का ढंग अत्यंत बेहूदा होगा। जो व्यक्ति स्वस्थ व मन को शक्ति प्रदान करने वाला आहार ग्रहण करता है, उसके विचार उम्दा होते हैं।

एक सभा में अनेक विद्वानों की भीड़ थी। स्वास्थ्य पर विचार गोष्ठी थी। हर वक्ता अपनी-अपनी तरफ से इस पर अपने विचार रखता और स्वास्थ्य की महत्ता को साबित करने की चेष्टा कर रहा था। एक-एक विद्वान् बता रहा था कि खाने में क्या-क्या लेना चाहिए, ताकि आपका स्वास्थ्य सुंदर व आप सेहतमंद बन सकें। कोई खान-पान की सूची गिना रहा था, कोई जल का महत्त्व बता रहा था, कोई हरी सब्जियों की महत्ता को साबित करने की चेष्टा कर रहा था, कोई रोजाना एक्सरसाइज व योगा करने की सलाह दे रहा था, तो कोई स्वच्छता बरतने की सलाह भी दे रहा था। लेकिन उन वक्ताओं में से एक वक्ता अत्यंत साधारण वेशभूषा में नजर आया। जब उसकी बारी आई, तब वह बताने लगा कि उसके उत्तम स्वास्थ्य का राज क्या है?

उसने बताया कि वह चावल व चावल का पानी खाता है। सब्जियाँ कम खाता है। रोज सुबह चना व गुड़ खाता है। तीन रोटी से ज्यादा नहीं खाता है। नमक कम खाता है। लेकिन साग बहुत खाता

है। उसने बताया कि वह शुद्ध शाकाहारी है। रात में सोते समय एक गिलास गाय का दूध जरूर पीता है। बस...!

उस व्यक्ति ने अत्यंत सरल शब्दों में स्वास्थ्य के राज बता दिए और यह साबित कर दिया कि कम, सरल खाना व एक गिलास दूध व्यक्ति का पूर्ण आहार है। यह व्यक्ति को हमेशा स्वस्थ रखता है।

हमारे भोजन में संतुलित तत्त्वों का होना आवश्यक है। वैज्ञानिकों ने कहा है कि हमारा भोजन संतुलित होना चाहिए। संतुलित भोजन से तात्पर्य है, भोजन में प्रोटीन, विटामिन, मिनरल्स, जल, वसा व कार्बोहाइड्रेट का होना आवश्यक है। इनमें से मात्रा का निर्धारण अलग-अलग व्यक्तियों में अलग-अलग तरीके से किया जाता है। यह व्यक्ति के काम की प्रकृति व उसकी शारीरिक संरचना पर निर्भर करता है।

आज की दुनिया भागदौड़ की दुनिया है, जहाँ विकारों ने मनुष्य के स्वास्थ्य को निगलना शुरू कर दिया है। हर व्यक्ति अपने तरीके से स्वास्थ्य को लेता है और जीने की कोशिश करता है। कुछ लोग स्वयं को व्यस्त रखते हुए भी स्वस्थ रहने के अवसर निकाल लेते हैं। वे स्वास्थ्य के नियमों का पालन करते हैं और खुद को हमेशा फिट व तंदुरुस्त रखते हैं। कुछ व्यक्तियों का रोना रहता है कि उनके पास एक्सरसाइज करने का वक्त नहीं होता। क्योंकि वह सुबह 8 बजे उठते हैं, अतः प्रातःकालीन भ्रमण भी नहीं कर सकते।

देखा जाए, तो ये सब बहाने होते हैं लापरवाह व्यक्तियों के, वरना समय तो सबके पास होता है। क्या आप दिशा-मैदान नहीं जाते? क्या आप स्नान नहीं करते? क्या आप खाना नहीं खाते? जब इसके लिए आपके पास वक्त रहता है, तो फिर घूमने, एक्सरसाइज करने का भी वक्त निकाल लें। अपनी रुटीन में शामिल करें। एक बार अपनी आदत बना लेंगे, तो फिर आपके पास वक्त ही वक्त होगा।

कुछ लोगों को मैंने देखा है कि वे 5 मिनट में खाना चट कर जाते हैं। कुछ लोग उसी खाने को आधा घंटे में खाते हैं। कुछ लोग खाना खाने में 15 मिनट लगाते हैं।

एक बार खाने की एक प्रतियोगिता का आयोजन किया गया था। प्रतियोगिता में कम-से-कम 90 लोगों को खाना परोसा गया और आयोजक ने उसे फिनिश करने के लिए कहा। इसके लिए समय की गणना का हिसाब भी रखा गया था। कौन कितनी जल्दी अपना खाना फिनिश करता है। यह भी प्रतियोगिता की एक आवश्यक शर्त थी। पुरस्कार भी रखा गया था।

प्रतियोगिता शुरू हुई। लगभग आधा घंटा का समय दिया गया था। आयोजन ने समय की गणना की। एक व्यक्ति ने केवल एक मिनट के कम समय में अपना लंच फिनिश कर लिया था। एक व्यक्ति प्रतियोगिता समाप्त होने की घोषणा के समय भी खा रहा था। उसने अपना भोजन पूरा नहीं किया था। यह देखकर आयोजक को आश्चर्य हुआ। आयोजक ने उस व्यक्ति से पूछा, "तुमने निर्धारित समय में अपना भोजन समाप्त क्यों नहीं किया? इसके लिए तुम्हें पुरस्कार नहीं भी दिया जा सकता है, क्या तुमने इस पर कभी सोचा है?"

"मैं यह सब नहीं सोचता। अगर पुरस्कार के लालच में भोजन ग्रहण करूँ, तो पुरस्कार तो एक बार ही मिलेगा, लेकिन अपने शरीर पर जो जुल्म करूँगा, वह तो बार-बार होता रहेगा। तो पुरस्कार अच्छा या शरीर प्यारा?"

"तुम कहना क्या चाहते हो?"

"भोजन करने के अपने नियम होते हैं। हमें खूब अच्छी तरह चबा-चबाकर भोजन ग्रहण करना चाहिए, ताकि हमारी आँतों को

भोजन तोड़ने में कम मेहनत करनी पड़े। मैं हमेशा अपने नियम के हिसाब से ही भोजन करता हूँ। मुझे पुरस्कार का कोई लालच नहीं है।"

उस व्यक्ति की बातों में सच्चाई झलक रही थी। आयोजक ने अपना विचार बदल लिया और उस व्यक्ति को पुरस्कार दिया, जिसने सबसे देर से भोजन समाप्त किया था।

जी हाँ, भोजन को हमेशा चबा-चबाकर खाना चाहिए और पूरी शांति के साथ ग्रहण करना चाहिए। जल्दी-जल्दी भोजन ग्रहण करना खुद के शरीर पर अत्याचार करने के समान है। यह नहीं भूलना चाहिए।

एक चिकित्सक रोगियों की सभा में लेक्चर दे रहा था। कम-से-कम सौ से ज्यादा हृदय रोगी सभा में उपस्थित थे। चिकित्सक हृदय रोगों का विशेषज्ञ था और काफी लोकप्रिय व ख्याति प्राप्त डॉक्टर था।

वह हृदय रोगियों को हृदय रोगों से बचने और स्वस्थ जीवन जीने का व्याख्यान दे रहा था।

चिकित्सक ने कहा, "जब किसी व्यक्ति को सीने में दर्द होता है, तो ऐसा लगता है कि हार्ट अटैक हुआ है। कुछ लोगों को मामूली हार्ट अटैक होता है, तो वे डरकर चिकित्सक के पास पहुँच जाते हैं। चिकित्सक रोगी का मुआयना करता है और बताता है कि उसके दिल की धमनियों में ब्लॉकेज के कारण हार्ट अटैक हुआ है। वह रोगी को सलाह देने की आड़ में धमकी देता है, जल्दी से कुछ करो। आपके पास वक्त कम है। लापरवाही करोगे, तो जल्द ही ऊपर चले जाओगे। आज ब्लॉकेज 80 प्रतिशत है। जिस दिन 90 प्रतिशत हो गया, उस दिन चलना-फिरना भी दूभर हो जाएगा। अपने पैरों पर चलकर

अस्पताल नहीं आओगे। अगर जिंदगी प्यारी है, तो जल्द-से-जल्द एंजियोप्लास्टी या बाइपास करवा लो। जिंदगी बढ़ जाएगी।"

"डॉक्टर साहब, 90 प्रतिशत ब्लॉकेज में कितना वक्त लगेगा?" मरीज ने चिकित्सक से प्रश्न किया।

"यह ठीक तरह से बताया नहीं जा सकता। कल भी दोबारा अटैक हो सकता है, जिसमें तुम्हारी जान जा सकती है। लेकिन तुम ऐसा क्यों कह रहे हो?"

"दरअसल, डॉक्टर साहब, फिलहाल मेरी हालत दो कौड़ी की भी नहीं है। पड़ोसी से उधार लेकर आपके पास आया हूँ। अगर चार-छह महीने की मोहलत मिल जाए, तो रुपयों का जुगाड़ कर लूँगा।"

डॉक्टर सोच में पड़ गया, फिर वह बोला, "कोई बात नहीं, तुम 6 महीने में ही दोबारा मेरे पास आना।"

"तो क्या 6 महीने मेरे पास हैं?"

"हाँ, चिंता की कोई बात नहीं है।"

हमारे देश में इस तरह के अनेक मरीज हैं और मरीज को लूटने वाले चिकित्सक भी अनगिनत हैं, जो मरीज को रोग की बाबत इतना भयभीत कर देते हैं कि वह हृदय रोग के समाधान के लिए बाइपास या एंजियोप्लास्टी करवाने के लिए मजबूर हो जाता है।

लेकिन क्या बाइपास सर्जरी या एंजियोप्लास्टी से उसकी समस्या का समाधान हो जाता है?

बिलकुल नहीं।

बल्कि यह कहा जाए तो कोई गलत नहीं होगा कि बाइपास सर्जरी या एंजियोप्लास्टी से ब्लॉकेज बनने के अवसर और बढ़ जाते हैं। मरीज को जिंदगी-भर दवाइयों पर आश्रित रहना पड़ जाता है।

अगर आप हृदय रोग से बचना चाहते हैं, तो इसका सामान्य फॉर्मूला है–ब्लॉकेज को होने न दें।

चिकित्सक ने समझाते हुए कहा, मान लें कि आपके हाथों में नोटों की गड्डी है। गड्डी को सुरक्षित रखने के लिए गड्डी को रबर बैंड में रखना आवश्यक होता है। रबर बैंड की एक सीमा होती है। वह आवश्यकता से ज्यादा फैलेगी, तो उसके टूटने का खतरा रहेगा। ऐसे में क्या करना चाहिए? या तो नोटों को कम करते रहो अथवा रबर बैंड में और नोट मत घुसेड़ो कि वह फट जाए...।

ठीक इसी तरह से हमारे हृदय की संरचना होती है। धमनियों में ब्लॉकेज को होने नहीं देना और उसको कम-से-कम करना हृदय रोगी की प्राथमिकता होनी चाहिए। इसके लिए हृदय रोगियों को अपने खान-पान में सुधार करना चाहिए। खान-पान जितना अधिक सरल होगा, आप हृदय रोग से सुरक्षित रहेंगे। खान-पान में गड़बड़ी होगी, तो ब्लॉकेज बढ़ेगा और फिर नौबत हार्ट अटैक!

चिकित्सक ने समझाया कि हार्ट डिजीज का समाधान बाइपास सर्जरी या एंजियोप्लास्टी ना होकर केवल खान-पान है। अगर आपका खानपान स्वस्थ है, सरल है, तो आप इसके जरिए अपने रोग की जटिलता को कम कर सकते हैं। लेकिन खान-पान में गड़बड़ी ही रोगों को न्यौता देता है।

व्यक्ति को निम्न तरह के आहार से बचना चाहिए। ये रोगों को न्यौता देते हैं–

- तला-भुना भोजन
- माँस-मदिरा का सेवन
- अनियमित भोजन
- फास्ट फूड का अत्यधिक सेवन

- भोजन में मिर्च-मसाले का अत्यधिक प्रयोग
- आचार का प्रयोग
- अत्यधिक तीखा या खट्टा भोजन, इत्यादि।

स्वस्थ रहने के लिए निम्न सूत्रों का पालन करना आवश्यक है–

- सुबह जल्दी उठना
- मॉर्निंग वॉक पर जाना या हलका-फुलका एक्सरसाइज
- सुबह का जलपान
- दोपहर का भोजन
- एक गिलास दूध
- अंकुरित अनाज
- रात का भोजन सही समय पर होना चाहिए।

दोस्तो, स्वास्थ्य को बनाना-बिगाड़ना मनुष्य के अपने हाथों में है। अपने शरीर व स्वास्थ्य को सही ढंग से रखने के लिए व्यक्ति खुद ही जिम्मेवार है। जिस तरह से हम उसका उपयोग करेंगे, हमारे शरीर का विकास वैसा ही होगा। प्रकृति ने हमारे लिए कुछ नियम बनाए हैं। अगर हम उन नियमों का पालन न कर सकें, तो इसमें किसका दोष है?

स्वच्छ वातावरण व स्वच्छ परिवेश में हमारा स्वास्थ्य समृद्ध होता है। विकसित होता है। हमारे विचार भी शक्तिशाली होते हैं। दूषित माहौल हमारी ऊर्जा शक्ति को नष्ट कर देता है। एक बार आप अपने स्वास्थ्य की हिफाजत करना शुरू कर देंगे, तो फिर देखिए, क्या चमत्कार होता है!

मैंने अपने जीवन में ऐसे बहुत से लोगों को देखा है, जो जीवन-भर व्याधियों से दूर रहे। यहाँ तक कि उन्हें सर्दी-खाँसी भी नहीं हुई थी। वे सौ साल तक जिए और हमेशा रोगमुक्त रहे।

ऐसे व्यक्तियों के स्वास्थ्य का राज उनके जीवन में नियमितता और स्वास्थ्य सूत्रों का पालन है। उन्होंने हर काल व स्थिति में स्वयं को व्यवस्थित रखा और दृढ़तापूर्वक अपनी दिनचर्या का पालन करते रहे।

हर व्यक्ति को समय पर भोजन, जलपान कर लेना चाहिए। इससे शरीर में ऊर्जा का संतुलन बना रहता है। हमारा शरीर पुष्ट होता है व अंगों की आंतरिक व्यवस्था भी सुदृढ़ होती है।

हमारा देश विविधताओं का देश रहा है। इस देश में हमेशा कुछ-न-कुछ चमत्कार होते रहे हैं। इस देश में लोगों के विचार व प्रकृति में भी बदलाव होते देखा गया है। कुछ लोग जिंदगी-भर सुखी रहते हैं, तो कुछ लोग दुःखभरा जीवन व्यतीत करते हैं।

कुछ लोग सफलताओं की झड़ी लगा देते हैं। कुछ लोग जीवन-भर परिश्रम करते हैं, लेकिन उन्हें सफलता नहीं मिलती।

कुछ लोग दुनिया में नाम कमाते हैं, कुछ लोग बाप की पूँजी भी गँवा देते हैं। कुछ लोग ऐसे भी होते हैं, जो हमेशा सरलता व सूझ-बूझ से फैसला करते हैं और सफलता प्राप्त करते हैं। इस तरह से कहा जा सकता है कि कई विविधताओं के बीच भी स्वास्थ्य चिंतन का अपना अलग प्रभाव होता है।

जो लोग स्वास्थ्य के प्रति सजग व गंभीर रहते हैं, वे ही अच्छी सेहत के मालिक होते हैं और जीवन में सफलता प्राप्त करते हैं।

एक बार एक व्यक्ति ने अरस्तू से पूछा कि बताइए कि व्यक्ति का सबसे बड़ा शत्रु कौन है?

अरस्तु ने जवाब दिया, "व्यक्ति"!

व्यक्ति अरस्तू का मंतव्य भाँप नहीं सका। अतः उसने समझाने के लिए आग्रह किया। अरस्तू ने कहा, "व्यक्ति का सबसे बड़ा शत्रु व्यक्ति होता है, जो अपने मन में शत्रुता का भाव लिए होता है। अगर शत्रुता कहीं है, तो वह व्यक्ति के मन में ही है। आप मन के विकारों को मिटा दें। कहीं शत्रुता तलाश करने पर भी नजर नहीं आएगी।

हमारे व्यावहारिक जीवन में कुछ लोग दुःख-मुसीबत में घबरा जाते हैं और अपने कर्त्तव्य से भटक जाते हैं। कुछ लोग तिल का ताड़ बना देते हैं और समस्याओं को बढ़ा-चढ़ाकर बताते हैं। कुछ लोगों का व्यवहार ऐसा होता है, जो दूसरों में भी प्रसन्नता ला देता है। वे अपने गम या व्यथा को बताते नहीं, शायद यह सोचकर कि इससे दूसरे दुःखी होंगे। इस जिंदगी में आनंद के पल गिने-चुने होते हैं। दुःख के क्षण बड़े होते हैं। इसलिए अनेक विद्वानों की राय है कि दुःख का प्रदर्शन नहीं करके हमें इस बात को बढ़ावा देना चाहिए कि दूसरों के जश्न में कैसे शरीक हों। दूसरों को अधिक-से-अधिक सुख कैसे बाँट सकें। जब हम यह सब सोचने लग जाएँगे, तो मन के विकार व तन के दुःखों का नाश होना शुरू हो जाएगा।

हर आदमी को धैर्य का पालन करना चाहिए। धैर्य आपके स्वास्थ्य को समृद्ध करता है और शारीरिक अंगों में गति की स्थिरता पर बल देता है। यह भी कहा जाता है कि जो व्यक्ति स्वस्थ होता है, वही धैर्य का भी पालन करता है और धैर्य से अपने मार्ग को प्रशस्त करता है। लेकिन इसके विपरीत जो लोग शारीरिक रूप से कमजोर होते हैं, बीमार होते हैं, उनमें सर्वथा धैर्य का अभाव होता है। यही कारण है कि वे उतावलेपन में फैसला करते हैं और हमेशा पछताते रहते हैं।

दोस्तो, अगर जिंदगी में धैर्य ना हो, तो आप इस बात की कल्पना नहीं कर सकते कि स्वयं पर कितना बड़ा अत्याचार कर रहे हैं। धैर्य के अभाव में आपकी बीमारियाँ बढ़ जाती हैं। नाना प्रकार के रोग, विकार शरीर को जकड़ लेते हैं। आपका हर फैसला आपके विरुद्ध जाता है।

आप नौकरी करें या व्यापार या किसी भी अन्य क्षेत्र में हों, सदा स्वास्थ्य के नियमों का पालन करते रहें, तो आपका शरीर हमेशा स्वस्थ रहेगा। मन प्रसन्न रहेगा और कार्य में फुर्ती व शक्ति का अनुभव होगा।

जिंदगी में अनेक तरह के उतार-चढ़ाव आते हैं। कभी-कभी हालात इस कदर प्रतिकूल हो उठते हैं कि व्यक्ति घबरा जाता है और घबराहट में अनेक गलत कदम उठा लेता है। लेकिन अगर आप स्वस्थ हैं, तो हालातों का आसानी से मुकाबला कर सकते हैं।

जीने के लिए जितना काम जरूरी है, उतना ही स्वस्थ रहने के लिए विश्राम भी जरूरी है। विश्राम करने से शरीर की क्षतिग्रस्त कोशिकाओं की मरम्मति होती है। विश्राम करने से एक नई ताजगी व स्फूर्ति का अहसास होता है।

स्वस्थ रहने के लिए मनोरंजन व संगीत भी सुनना चाहिए। आप मनोरंजन के अनेक साधनों का प्रयोग कर सकते हैं। किसी अच्छे थियेटर में जाकर मनपसंद मूवी देखते हुए ख्यालों में खो जाएँ, कितना अच्छा लगता है। मन को कितना सुकून मिलता है। दिल को ठंडक मिलती है। विचार पुष्ट होते हैं और मन की घबराहट शांत होती है।

मनोरंजन के अन्य साधनों में किसी पर्यटन केंद्र की सैर भी जरूरी है। जब आप किसी पर्यटन केंद्र पर घूमने जाते हैं, तो मौसम व तापमान के बदलाव का आपकी सेहत पर असर पड़ता है। शरीर

में नवीन उत्साह व ताजगी प्राप्त होती है। मन मयूर खिल उठता है। विविध तरह की परेशानियों से निजात मिल जाती है।

कल्पना करिए, आप दिल्ली की भीषण गर्मी से कुछ देर के लिए मुक्ति पा लेते हैं। आप मसूरी या नैनीताल घूमने के लिए पहुँच गए हैं। पहाड़ी पर बैठे हैं। दूर-दूर तक हरियाली फैली है। आकाश में बादलों का झुंड मंडरा रहा है और एक छोर से दूसरे छोर तक जा रहा है। सामने अशोक का पेड़ है, चीर के लंबे-लंबे वृक्ष हैं। जंगलों में चिड़ियों की चहचहाट सुनने का आनंद लें। देखिए, कैसे आपके शरीर व मिजाज को ठंडक मिलती है। आप यकीन न करेंगे, जो सुख आप प्राप्त कर रहे हैं, ऐसे सुख की केवल कल्पना ही की जा सकती है।

यह भी आपका एक मनोरंजन है, जो आपके मन व स्वास्थ्य को समृद्ध करता है।

मनोरंजन के अन्य साधनों में शॉपिंग, मेला, पार्टी, जश्न, त्योहार, स्वीमिंग आदि का आनंद उठाया जा सकता है। स्वीमिंग एक एक्सरसाइज भी है, जो हमारे शरीर को मजबूत व स्वस्थ रखता है।

कितना भी विषाक्त व उत्तेजित वातावरण हो, संगीत ऐसे वातावरण की नकारात्मकता को दूर करता है और मन को एक नए आनंद की अनुभूति कराता है। संगीत से दिमाग को ठंडक मिलती है और जीवन में कुछ अच्छा करने की प्रेरणा भी मिलती है। इस तरह से संगीत के अपने फायदे भी हैं।

अपने शरीर को हेल्दी बनाने के लिए आप अपना कोई पसंदीदा खेल, खेल सकते हैं। आप कैरम बोर्ड खेलिए, आप रमी खेलिए, फुटबॉल, कबड्डी, कोई भी खेल, खेल सकते हैं। आप आनंद की अनुभूति करेंगे। इससे आपकी बॉडी का भी एक्सरसाइज हो जाता है और दिमाग को ठंडक।

हमारे स्वास्थ्य के लिए खेल से दूजा कुछ नहीं है। जहाँ खेल है वहीं फिटनेस भी है। फिटनेस के लिए खेल को कभी नहीं भूलिए। खेल से मनोरंजन तो हाता ही है। स्वास्थ्य भी समृद्ध होता है।

अच्छे स्वास्थ्य के लिए व्यक्ति को छोटे-मोटे एक्सरसाइज नियमित रूप से करते रहना चाहिए। अगर आप एक्सरसाइज करते हैं, तो आपके शरीर में रक्त संचार होता रहेगा और आप रोगों से दूर रहेंगे। हमारे शरीर में बीमारियों का प्रमुख कारण रक्त संचार का रुक जाना है। अगर किसी अंग में रक्त प्रवाह में बाधा आती है, तो विकार उत्पन्न हाने लगते हैं। विकारों से मुक्ति के लिए सदैव अपने शरीर को क्रियाशील रखें।

हमेशा सकारात्मक सोच रखें। नकारात्मकता से दूर रहें। सकारात्मकता अच्छे विचारों को लाता है, जो आपके स्वास्थ्य व व्यक्तित्व को प्रभावशाली बनाता है। नकारात्मकता हमेशा संकीर्णता लाता है और स्वास्थ्य को हानि पहुँचाता है।

दोस्तों, स्वस्थ व सुखी जीवन के लिए मैं कुछ टिप्स बता रहा हूँ। पाठकों से आग्रह है कि इन सूत्रों पर अमल करने की चेष्टा करें।

- सदा सत्य व गंभीर बातें करें।
- धैर्य व ईमानदारी का व्यवहार करें।
- सदा दूसरों की भावनाओं का सम्मान करें। किसी का भी मजाक न उड़ाएँ। मजाक उड़ाना आपका अहंकार है, जो विकारों को जन्म देता है।
- शांति रखने की भरसक चेष्टा करें।
- अपने पौरुष व स्वाभिमान का ध्यान रखें।
- दूसरों के काम आएँ।

- जिस कार्य को करना चाहते हैं, उसकी पहले से योजना बना लें और योजनाबद्ध तरीके से अपना कार्य करें। जब तक कार्य पूरा नहीं हो जाता, दूसरे कार्य में हाथ ना डालें।
- दृढ़-संकल्प, साहस व हिम्मत से आगे बढ़ें।
- अपनी मौलिक क्षमता व योग्यताओं की पहचान करें।
- अपना एक सिद्धांत व नीति तय कर लें और उसी पर चलते रहें।
- निराशा, हताशा से बचें।
- अनेक महत्त्वाकांक्षाओं से बेहतर है, कोई एक महत्त्वाकांक्षा का पालन।
- दृष्टिकोण सदा ऊँचा रखें।
- दूर की सोचें।
- क्षणिक लाभ नहीं, शाश्वत लाभ की बात सोचें।
- अपने कर्म पर भरोसा रखें।
- कर्मठ जीवन को अपनाएँ।
- आत्मविश्वास बनाए रखें।
- प्रत्येक क्षण का सदुपयोग करें।
- चिंता, तनाव से मुक्ति पाएँ। चिंता चाहे किसी भी प्रकार की हो, यह हमेशा आपको परेशान करती है और शरीर को घटाती है।
- प्रसन्न रहने की कला सीखें।
- अपना दिल बड़ा रखें। उदारता से दान करें।
- जरूरतमंदों की सहायता करें।

- जीवन में अच्छी आदतों को अपनाएँ।
- स्वस्थ दिनचर्या का पालन करें।
- मनोबल ऊँचा रखें।
- आप गरीब हैं, तो क्या? दिल से अमीर बनें तथा अपनी सोच पर गरीबी को हावी होने न दें।
- किसी भी कार्य को करने के लिए लगन होनी चाहिए। आप लगन से कार्य करते रहें और सफलता प्राप्त करते रहें।
- व्यर्थ के विवादों व बहस को तूल न दें।
- अच्छे परिवेश व समाज के अंग बनें।
- पड़ोसियों से प्यार करें।
- शर्म व शिक्षक एक सीमा तक जायज है। लेकिन जहाँ कैरियर व सफलता का प्रश्न है, शर्म व शिक्षक का अलंकार उतारने में देरी ना करें।
- प्रकृति के नियमों का सदैव पालन करें, इत्यादि।

सच का अहसास

आइंस्टीन एक महान् वैज्ञानिक थे। उन्होंने कई आविष्कार किए। जब इस वैज्ञानिक की चर्चा दूर-दूर तक होने लगी, तब एक विदेशी पत्रकार उनका इंटरव्यू लेने के लिए उनके घर पहुँच गया। इत्तेफाक से आइंस्टीन घर पर ही थे।

आइंस्टीन को बाहर बुलाया गया। पत्रकार ने पूछा, "महोदय, क्या आप इस उम्र में भी कठोर परिश्रम करते हैं?"

"मेरी उम्र को क्या हो गया है? मैं अभी भी जवान व कर्मठ

हूँ। खूब मेहनत करता हूँ। मुझे लगता है कि तुम्हारी सोच अच्छी नहीं है।"

"मेरा मतलब यह नहीं था," पत्रकार ने कहा, "आप इतने बड़े व्यक्ति हैं। मुझे लगता है कि आपको ज्यादा परिश्रम करने की जरूरत नहीं होती होगी!"

"बिलकुल गलत बात है" आइंस्टीन ने कहा, "जिस तरह मैं जवानी के दिनों में घोर परिश्रमी था, आज भी उससे कम परिश्रम नहीं करता हूँ। यही मेरे स्वास्थ्य का राज है।"

आइंस्टीन जैसे वैज्ञानिकों ने विश्व के युवाओं को प्रेरणा दी है तथा उन्हें हमेशा अच्छा सोचने व शरीर को क्रियाशील रखने पर जोर दिया है।

ये सारे व्यक्ति के कुछ आदर्श सूत्र हैं, जो स्वस्थ रहने के सूत्र भी हैं। इन सूत्रों का पालन करके आप शरीर को स्वस्थ रखते हुए मन को विकसित व ऊर्जित रख सकते हैं।

मनुष्य की आयु का ग्राफ निरंतर क्यों गिरता जा रहा है

मनुष्य एक सामाजिक प्राणी है। हमारे गिर्द अनेक जीव-जंतु हैं। सभी प्राणियों में मनुष्य श्रेष्ठ है। बुद्धिमान है। जानवरों के पास दिमाग कम होता है, लेकिन मनुष्य रूपी प्राणी के पास ज्यादा दिमाग होता है, तभी तो वह सभी प्राणियों में श्रेष्ठ है।

लेकिन जहाँ तक मनुष्य की आयु का प्रश्न है, कई जानवरों की तुलना में मनुष्य की आयु काफी छोटी है। उदाहरण के लिए केकड़े की आयु 400 साल है। जबकि यह एक छोटा-सा जीव है।

व्हेल मछली एक हजार साल तक जीवित रह सकती है। बोस्टन शहर में एक घड़ियाल ने 152 वर्ष तक की आयु पूरी कर ली थी। इसी प्रकार से एक बाज पक्षी 104 वर्ष तक जी सकता है। हाथी की आयु सौ-दो सौ साल तक पाई गई है। साँप तो हजारों साल तक जीवित रहते हैं।

ऐसे में प्रश्न उठता है कि मनुष्य सभी प्राणियों का 'सरताज' होते हुए भी कम उम्र क्यों जीता है? यह एक विचारणीय प्रश्न है।

अगर मैं इसका उत्तर दूँ कि 'सरताज' होने के कारण ही उसकी उम्र में गिरावट आई है, तो अतिश्योक्ति नहीं होगी। यहाँ सरताज का आशय मनुष्य की खोपड़ी, विचार, आत्मा व कुशाग्र शक्ति से है। मनुष्य हमेशा कुछ-न-कुछ सोचता रहता है। वह चिंतन करता है। दिमाग से काम लेता है और उसकी यही सोच उसकी उम्र को घटा देती है। जरूरत से ज्यादा जब आप किसी के बारे में सोचेंगे, तो निश्चित रूप से इसका आपके स्वास्थ्य पर असर पड़ेगा। अनेक रोग जकड़ लेंगे और आपके मन को दुर्बल कर देंगे।

यही कारण है कि मनुष्य की आयु निरंतर घटती जा रही है।

मन को हमेशा पवित्र रखें

स्वच्छ मन व आत्मा शरीर की कुल जमा पूँजी है, जिसका लाभ उठाकर आप हमेशा अपने शरीर को निरोग रख सकते हैं।

मन की पवित्रता और स्वच्छता विचारों को भी पवित्र रखती है। मन पवित्र हो, तो अच्छे व प्रेरक विचार उत्पन्न होते हैं।

जार्ज बर्नार्ड शॉ के जीवन से जुड़ी एक घटना सुनाता हूँ।

एक दिन की बात है। जार्ज बर्नार्ड शॉ अपने दफ्तर के केबिन में बैठे किसी कार्य में मगन थे। तभी वहाँ एक युवती पहुँच गई। वह हँसमुख व खूबसूरत थी।

युवती जार्ज बर्नार्ड शॉ को देखकर मुस्कराई और हैलो कहा।

लेकिन जार्ज बर्नार्ड शॉ पर इसकी कोई प्रतिक्रिया नहीं हो सकी। अगली बार फिर से युवती ने टोका, लेकिन बर्नार्ड शॉ ने कोई ज्यादा उत्सुकता नहीं दिखाई और ना ही लड़की की ओर आँख उठाकर देखा भी। वह पूर्ववत् अपना काम करते हुए बोले, "कहिए, मैं आपकी क्या सेवा कर सकता हूँ।"

"जनाब, सबसे पहले मेरे इस प्रश्न का उत्तर दीजिए कि आपने मुझे देखकर मुँह क्यों फेर लिया? क्या मैं बदसूरत हूँ? क्या मुझसे कोई खता हो गई है?"

जार्ज बर्नार्ड शॉ ने उत्तर दिया, "यह सच है, लेकिन सच यह नहीं है कि तुम बदसूरत हो! तुम काफी खूबसूरत हो। कहीं तुम मेरे विचार का कोई विषयवस्तु न बन जाओ, इसीलिए मैंने ऐसा व्यवहार किया था।"

कहकर शॉ फिर से लेखन में व्यस्त हो गए। इसके बाद उन्होंने कोई आवाज नहीं सुनी। जबकि युवती गुस्से में पैर पटकती हुई वहाँ से निकल गई।

शॉ का यह व्यवहार व आचरण यह सिद्ध करने के लिए पर्याप्त है कि मनुष्य को अगर लगे कि वह किसी मौके पर विचलित हो सकता है, तो उस दिशा में उसे सोचना बंद कर देना चाहिए। न ही आपका ध्यान उधर जाएगा और न ही आप विचलित होंगे।

आज हमारे समाज में महिलाओं के साथ रेप की घटनाओं में निरंतर बढ़ोत्तरी हो रही है। यह रेपिस्ट कौन होते हैं?

हमें बर्नार्ड शॉ के विचारों का अध्ययन करने की जरूरत है। मैं एक सवाल करता हूँ, व्यक्ति महिला का बलात्कारी क्यों बन जाता है?

आइए, मैं बताता हूँ, इसका कारण।

जब आप किसी सुंदर, स्मार्ट युवती को देखते हैं, तो मन में कामुकता का भाव उत्पन्न होता है, जो स्वाभाविक है। फिर इसी तरह के आपके मन में विचार उठते हैं। आप युवती के अंग व पूरे शरीर को अपनी कल्पना में देखते जाते हैं। इससे आपके तन व मन की उत्तेजना भड़कती जाती है और फिर एक स्थिति आती है, जब आपका खुद पर नियंत्रण नहीं रह जाता। अगर वह युवती कुछ और देर तक आपके साथ रही, तो ज्यादा संभावना इस बात की है कि आप युवती के साथ छेड़खानी शुरू कर दें। क्योंकि आप विचलित हो चुके हैं। अपने मस्तिष्क की क्षमता को खोते जा रहे हैं और दिल के हाथों मजबूर होते जा रहे हैं।

इन स्थितियों में ही रेपिस्ट पैदा होते हैं। अतः बर्नार्ड शॉ के विचारों व दृष्टिकोण पर विचार करके इन हालातों में खुद पर नियंत्रण रखने के लिए इस तरह के और भी कई कदम उठाए जा सकते हैं।

मन को साफ, स्वच्छ रखना बहुत जरूरी है। जैसे आप शरीर को स्वच्छ रखते हैं, उसी तरह से मन को भी स्वच्छ रखना आवश्यक है।

स्वच्छता से ही पवित्रता का आगाज होता है। अनेक लोग अपने तन को तो स्वच्छ रख लेते हैं, लेकिन मन को नहीं। मन में नाना प्रकार के कुत्सित विचार भरे रहते हैं। मन में हिंसा, व्यभिचार के भाव रहते हैं, मन में कामुकता के भाव रहते हैं। इसके लिए हमारी पाश्चात्य संस्कृति भी दोषी है।

इन दिनों हमारे देश की युवा पीढ़ी क्लब संस्कृति हावी है, जो उनके चरित्र का पतन कर रही है।

क्लब संस्कृति में ऐसी-ऐसी पार्टियों का आयोजन किया जाता है, जो केवल व केवल चरित्र को दूषित कर रही हैं।

क्लब संस्कृति की देन ही है रेव पार्टी। हालाँकि ऐसी पार्टी अमेरिका व ब्रिटेन जैसे देशों में सदियों से आयोजित हो रही है, लेकिन हमारे देश भारत में भी इसका प्रवेश होना चिंता का विषय है।

रेव पार्टियों में अनोखे डांस व सैक्स का विषय युवाओं के चरित्र को पतन के गर्त में गिराता जा रहा है। देश के मेट्रोपोलिटन नगरों में आए दिन रेव पार्टियों का आयोजन होता है। ऐसी पार्टियों में बड़े बाप के लड़के-लड़कियाँ शान से भाग लेते हैं और नशा करते हैं। खूबसूरत मॉडल लड़कियाँ भी भाग लेती हैं और लड़कों के साथ डांस करते हुए उनकी उत्तेजना को भड़काती जाती हैं।

ऐसी पार्टियों में शराब के अलावा ऐसे-ऐसे नशीले पदार्थ परोसे जाते हैं, जिन्हें लेकर युवक-युवतियाँ खुद को एकदम भुला बैठते हैं। आजकल युवाओं की बर्बादी के लिए अनेक कंपनियों ने ऐसे-ऐसे ड्रग्स का ईजाद कर लिया है, जिसे लेने के बाद लड़कियों को पता ही नहीं चलता कि उनका क्या कुछ लुट चुका है। मुंबई में ऐसी पार्टियों का आयोजन होता रहता है। अखबारों या न्यूज चैनल्स पर ऐसी खबरें तब प्रकाशित होती हैं, जब वहाँ पुलिस की रेड पड़ती है। पिछले दिनों नोएडा में एक फॉर्म पर पुलिस ने छापा मारकर कई दर्जन लड़के-लड़कियों को गिरफ्तार किया था। यह भी कहा जाता है कि रेव पार्टियों में लड़कियों के साथ सैक्स होता है, लेकिन उन्हें इसका पता नहीं चलता। यह उस ड्रग का असर होता है, जिन्हें लेने के बाद वह अपनी सुध-बुध भुला बैठती हैं।

इस तरह की संस्कृति हमारे देश के युवाओं का चरित्र कलंकित कर रही है। उनके मन व आत्मा को विकारयुक्त बनाती जा रही है। सीधे-सीधे यह चारित्रिक पतन की ओर उन्मुख करती है।

ऐसी पार्टियों का हिस्सा बनने में आपका मन कैसे स्वच्छ रह

सकता है? जब मन ही स्वच्छ नहीं रहेगा, तब तन की स्वच्छता की बात कैसे की जा सकती है?

हमारा शरीर तभी सेहतमंद व स्वस्थ रह सकता है, जब हम अपने शरीर व सेहत की रक्षा के उपाय करें। जब हम यह कठिन व्रत लें कि खुद के शरीर पर अत्याचार होने नहीं देंगे। जब हम यह संकल्प करेंगे कि मन में पवित्र भावना को लाने का प्रयास करेंगे।

व्यक्ति के जीवन में नाना प्रकार की कठिनाइयाँ आती हैं। भाँति-भाँति के अवसर आते हैं। हमें चाहिए कि विभिन्न हालातों से गुजरते हुए स्वयं पर जितना हो सके, नियंत्रण रखें और हमेशा सकारात्मक भावों के दायरे में कर्त्तव्य पथ पर अग्रसर होते रहें।

आखिर में मैं इतना कहना चाहता हूँ कि अगर आपने दृढ़-संकल्प कर लिया है, तप करने का माद्दा रखते हैं और चाहते हैं कि एक स्वस्थ व ऊर्जावान बनकर मानवता का कल्याण कर सकें, तो मन के दूषित विचारों का गला घोंट दें और अच्छी-अच्छी पुस्तकें पढ़ें, सुंदर साहित्य का अवलोकन करें।

नीचे कुछ सुझाव दे रहा हूँ, ज्यादा-से-ज्यादा इन पर अमल करने की चेष्टा करें–

- मन को भटकने के लिए मत छोड़ें।
- मन पर जितना अंकुश लगा सकते हैं, लगाएँ।
- मन की शक्ति को अधिक-से-अधिक मजबूत करें।
- अपने आत्मबल को विकसित करें।
- हर मनुष्य के अंदर अच्छी शक्तियों का संचार होता है। अपनी शक्तियों को पहचानें और उनका विकास करें।
- अपना आत्मविश्वास हमेशा बुलंद रखें। जिन व्यक्तियों का आत्मविश्वास कमजोर या खंडित होता है, ऐसे लोग हमेशा

सफलता से दूर रहते हैं। ऐसे लोग जीवन में कुछ नहीं करते और अपने पौरुष को पंगु बना लेते हैं।

- जिन व्यक्तियों का आत्मविश्वास ऊँचा रहता है, वे अपने शरीर व सेहत की भलीभाँति देखभाल कर सकते हैं।
- अगर आप चाहते हैं कि आपका बुढ़ापा कष्ट में न बीते, तो शुरू से ही अपने स्वास्थ्य व चित्त की देखभाल करते रहें।
- हमेशा स्वस्थ मनोरंजन व सुंदर संगीत पर बल दें।
- किसी तरह के पापकर्मों से दूर रहें।
- हमेशा अपने विवेक व ज्ञानेन्द्रियों का इस्तेमाल करें।
- किसी की आलोचना करने से बेहतर है, स्वयं को अधिक-से-अधिक उमाड़ना।
- पवित्र भावना व पवित्र ऊर्जा ही आपका कल्याण करती है।
- मन की सफलता से बढ़कर कुछ नहीं। मन की सफलता के लिए सुंदर तस्वीर व प्राकृतिक दृश्यों का संयोजन करें।
- आपकी चाहत हमेशा स्वच्छ, व्यवस्थित होनी चाहिए।
- चरित्र चिंतन करने से चरित्र का विकास होता है।
- जिंदगी में तीन बातें याद रखें–
    - दृढ़संकल्प
    - तप
    - मेहनत
- शरीर हो या आपका कोई भी कार्य, दृढ़संकल्प, तप व मेहनत के बल पर आप जरूर सफल होंगे।

उपरोक्त बातों का ध्यान रखें और हमेशा जीवन के पथ पर अग्रसर होते रहें।

3

स्वस्थ व सुखी जीवन का राज़

जहाँ स्वास्थ्य है, वहीं सुख भी है। जिन व्यक्तियों का स्वास्थ्य अच्छा रहता है, वही लोग सुख की भी अनुभूति करते हैं। अगर आप हरदम बीमार रहते हैं, तो ऐसे में सुख कैसा?

इसलिए स्वस्थ रहना बहुत जरूरी है। जब आप स्वस्थ रहेंगे, तभी आप सुखी भी रह सकेंगे।

इस संसार में हर व्यक्ति सुख की कल्पना करता है। ऐसा कोई भी व्यक्ति नहीं है, जो दुःखी रहना चाहता है। कष्ट, तकलीफ से हर कोई मुक्त रहना चाहता है।

जो लोग जीवन को संतुलित करके चलते हैं, व्यवस्थित करके चलते हैं, वही लोग तमाम तरह के विकारों से मुक्त रहकर सुखी व स्वस्थ जीवन व्यतीत करते हैं।

सुखी जीवन के लिए चिंता व तनाव से मुक्ति पाना आवश्यक होता है। कुछ तनाव तो वक्त की देन होते हैं, जो हर किसी को कुछ समय के लिए परेशान करते हैं। लेकिन कुछ तनाव व चिंताएँ ऐसी भी होती हैं, जिनके लिए मनुष्य स्वयं जिम्मेवार होता है।

कुछ लोग अपने तनाव व चिंता को फालतू की बातें सोचकर बढ़ा लेते हैं। ऐसे लोग बात-बात पर घटना को बढ़ा-चढ़ाकर पेश करते हैं। इससे जीवन का असंतुलन बढ़ जाता है।

आपने ऐसे लोगों को देखा होगा, जो दफ्तर की बात को घर में भी लाते हैं और अपने सुख व आराम को नष्ट कर डालते हैं। होना तो यह चाहिए कि दफ्तर की बात को दफ्तर में ही भूल जाएँ और घर की बात को घर में ही भुला दें। इससे जीवन का संतुलन बढ़ता है।

अनेक लोग समस्याओं से घिर जाते हैं। उनकी समझ में नहीं आता कि वे करें तो क्या करें। क्योंकि समस्याओं में घिरकर उनकी सोचने-समझने की शक्ति नष्ट हो जाती है। वे अच्छा सोच ही नहीं पाते। ऐसे ही हालातों में कुछ लोग गलत कदम उठा लेते हैं और जिंदगी भर पछतावे की आग में जलते हैं।

याद रखें, जब भी आप संतुलन की बागडोर को ढील देते हैं, तब-तब आपको ऐसी चुनौतियों का सामना करना पड़ सकता है। यह सुख को नष्ट करता है और शांति को छीन लेता है।

हम जहाँ भी रहें, जो भी कार्य करें, जिन हालातों का सामना करें, उस सत्य को कदापि न भूलें, जो हमारे जीवन निर्माण व भविष्य के लिए महत्त्वपूर्ण हैं।

सत्य एक ऐसी शक्ति है, जिसको हम अगर अपने जीवन में उतारें, तो सत्य से सज्जित हमारे जीवन का संतुलन व व्यवस्थित जीवन-शैली का पथ प्रशस्त होता है।

जिंदगी में हर व्यक्ति को कुछ-न-कुछ खोना पड़ता है। हर व्यक्ति को त्याग करना पड़ता है। हर व्यक्ति को कुछ-न-कुछ मिलता भी है। हर व्यक्ति को सफलता के साथ-साथ परेशानियाँ भी उठानी पड़ती हैं। लेकिन अगर हमने अपने जीवन को सुखी रखने का फैसला कर लिया है, तो यकीन मानिए, आप तमाम तरह के झंझावातों के बीच सुख को पा लेंगे।

सुख का आधार स्वस्थ जीवन है। स्वस्थ जीवन के लिए सफलता व संगति का आचरण महत्त्वपूर्ण है। स्वस्थ जीवन के लिए सुमंगल विचारों के साथ-साथ परिश्रम व स्वस्थ नियमों का पालन आवश्यक होता है।

अब यह बात छिपी नहीं रही कि जैसा आप खाओगे, आपका तन व मन भी वैसा ही होगा। अगर आप अच्छा अनाज खाओगे, तो शरीर पुष्ट होगा। मन के दोष मिटेंगे। अच्छे विचारों का प्रादुर्भाव होगा। लेकिन अगर आपका अनाज ही दूषित है, तो ऐसे अनाज को खाकर आप स्वस्थ मन की कल्पना नहीं कर सकते। यही कारण है कि हमें अच्छा खाने व पीने पर ध्यान देने की जरूरत है।

इंसान जैसा सोचता है, उसी के अनुसार उसका शरीर भी होता है। अगर उसकी सोच हिंसात्मक व नकारात्मक है, तो ऐसे में शरीर का विकास भी तो दोषपूर्ण होता है।

जो लोग अपने मन पर अंकुश लगाकर रखते हैं, वे हर कदम पर जीवन को सुखी रखते हैं और विपरीत हालातों से कभी नहीं घबराते। वे ठीक से समस्याओं का समाधान कर लेते हैं और अपनी ऊर्जा शक्ति को भी नष्ट होने से बचा लेते हैं।

क्या आपने कभी सोचा है कि हमारे शरीर में कई लाख ऐसे अणु हैं, जिनका पारस्परिक संयोजन अच्छा हो, तो शरीर में स्वस्थ प्रवाह रहता है और विकार नष्ट हो जाते हैं। ये विकार ही हमारे स्वास्थ्य के शत्रु होते हैं। इन विकारों से ही मनुष्य का सुख-चैन छिन जाता है।

अतः हमें कुछ ऐसा करना होगा, ताकि शरीर के अणुओं का संयोजन होता रहे और हम अपने शरीर को सहज व स्वस्थ बना सकें।

आत्मविश्वास बीमार शरीर की चिकित्सा में एक रामबाण दवा की तरह असर करता है। आपने देखा होगा या स्वयं महसूस किया होगा कि जब आप बीमार होते हैं, तो आपके मन में कुछ नकारात्मक व कुछ सकारात्मक भाव चलते रहते हैं। अगर आपको लगता है कि अरे यार, यह बीमारी कुछ नहीं है, बस दो दिन में ठीक हो जाऊँगा, तो निश्चित रूप से आपके आत्मविश्वास के कारण दवा का भी असर बढ़ जाता है।

या फिर आप निराशा के भँवर में डूबे हैं, अपनी बीमारी के प्रति चिंतित हैं, मन में नकारात्मक भाव व दुविधा उत्पन्न होती है कि क्या आप पूरी तरह ठीक हो सकेंगे? ऐसे अनिश्चितता भरे भाव में दवा कोई काम नहीं करती और आप अपनी पूर्व स्थिति में पड़े रहते हैं। लेकिन जब दूसरा कोई व्यक्ति आकर आपको भरोसा दे कि यह बीमारी तो कुछ नहीं है, दो दिन दवा खाओगे और ठीक हो जाओगे, तो आपके मन में विश्वास जाग्रत होता है और आप निश्चित रूप से अपने रोग पर नियंत्रण प्राप्त कर लेते हैं।

ठीक ऐसा ही आत्मविश्वास जीवन के हर मोड़ पर आपके साथ, एक पूँजी के रूप में होना चाहिए।

आत्मविश्वास रूपी चट्टान की शक्ति अत्यंत प्रबल होती है। यह संयोजन व संतुलन को बढ़ावा देती है ओर सुख को बढ़ावा देती है।

शरीर वैज्ञानिकों के मतानुसार शरीर में उत्पन्न होने वाले नासूर केवल मन की निराशा से जन्म लेते हैं। अगर कोई व्यक्ति गहरे मानसिक आघात का शिकार हो जाए तथा उसका शरीर भी दुर्बल हो जाए, तो ऐसा व्यक्ति लकवा जैसे रोग से जल्दी उबर नहीं पाता।

रोगों पर नियंत्रण पाने के लिए मन की शक्ति को मजबूत करना आवश्यक होता है। मन को शक्तिशाली बनाने के लिए हमेशा मन से जुड़े कुछ एक्सरसाइज करते रहना चाहिए। मन को सशक्त बनाने के लिए केवल विचारों को ही नहीं, बल्कि अपनी क्षमता व योग्यता का भी प्रदर्शन करते रहना चाहिए।

हमारे आसपास कुछ शक्तियाँ ऐसी होती हैं, जो हमें प्रेरणा देती है, जीवन में ऊँचा उठने और सफलता प्राप्त करने की। इन शक्तियों को पहचानें और ऊपर उठें। इतना ऊपर कि किसी तरह की नकारात्मक शक्ति आपको परेशान न कर सके। अपनी भावना, विचार आदि को जितना अधिक स्वच्छ व शक्तिशाली बना सकें, उतना ही अच्छा है और रोगों से छुटकारा पाने और सुखी जीवन के लिए आवश्यक हो जाता है।

हमारे शरीर में अनेक अवयव स्थित हैं। जब हमारे शरीर के अंग-प्रत्यंग भलीभाँति काम करते हैं, तभी शरीर में रक्त संचार व्यवस्थित हो पाता है। रक्त संचार में अवरोध ही हमारे रोगों का कारण बन जाता है।

शरीर में रक्त संचार व्यवस्थित रूप से हो सके, इसके लिए हमें शरीर के अंग-प्रत्यंगों को आवश्यक पोषण व सुरक्षा देने की जरूरत है। जब शरीर का कोई अंग काम करना बंद कर देता है अथवा कार्य करने की गति में ह्रास आने लगता है, तो शरीर में विकार उत्पन्न होने लगते हैं।

जैसे-जैसे विकारों की उत्पत्ति होती जाएगी, शरीर में नकारात्मकता बढ़ती जाएगी। इससे सुख व शांति का खतरा बढ़ेगा। रोगों की उत्पत्ति होगी।

एक बात और, जो मैं आपको बताना चाहता हूँ। आप जीवन में कभी निराश मत होइए। हालाँकि निराशा तो होती है, लेकिन इसको हलके रूप से लेने की जरूरत है। निराशा के बोझ तले दब जाने से आपकी पीड़ा और बढ़ जाएगी। शक्ति का ह्रास होगा और सुख का नाश होगा।

कुछ लोग डिप्रैशन में चले जाते हैं और अपनी जिंदगी से हाथ धो बैठते हैं। डिप्रैशन की बीमारी पढ़े-लिखे लोगों में ही पाई जाती है, जो गहरे मानसिक आघात के शिकार होकर दुःख व निराशा को पाल बैठते हैं।

बहुत पहले मुंबई में एक हृदय-विदारक घटना घटी थी। एक फिल्म अभिनेत्री ने डिप्रैशन का शिकार होकर आत्महत्या कर ली थी। होता क्या है, कुछ लोग अपनी हैसियत व योग्यता से बढ़कर आकांक्षा पाल बैठते हैं। कुछ लोग सफलता प्राप्त करने के लिए अपने जीवन को भी दाँव पर लगा बैठते हैं। कुछ लोगों की फितरत होती है, वे हमेशा शीर्ष पर रहना चाहते हैं। अपने मुकाम को खोना उन्हें पसंद नहीं है। लेकिन जब ऐसे व्यक्ति को लगता है कि उसका मुकाम छीनने का खतरा उत्पन्न हो गया है, तो वह अपने जीते-जी इसे खोना नहीं चाहते और जब उनका शीर्षासन डोल जाता है, तो दुनिया को अपना मुँह नहीं दिखाने के लिए मौत के मुँह में समा जाना पसंद करते हैं।

अब तो वैज्ञानिकों ने भी सिद्ध कर दिया है कि डिप्रैशन एक गंदी आदत है। व्यक्ति जितना हो ऐसी गंदी आदत से दूर रहे, उसके लिए उतना ही अच्छा है। हर बीमारी का इलाज है, लेकिन डिप्रैशन का इलाज नहीं है। अगर डिप्रैशन का इलाज है, तो यह केवल रोगी ही कर सकता है। अगर रोगी चाहे, तो ऐसी बीमारी से मुक्ति पा सकता है।

हर व्यक्ति को अपने शरीर की देखभाल स्वयं करनी पड़ती है। जब बच्चा रहता है, तो माँ उसकी देखभाल करती है। बच्चे को नहलाती-धुलाती है। उसे साफ कपड़े पहनाती है। शरीर को स्वस्थ रखने की सलाह देती है। लेकिन जब बच्चा बड़ा हो जाता है, तो उसे स्वयं ही यह सब करना पड़ता है। उसका कार्य कोई दूसरा नहीं कर सकता। इस स्थिति में उसकी जिम्मेवारी बनती है कि वह अपने शरीर की भलीभाँति देखभाल कर सके।

जब एक बच्चा बचपन से किशोरावस्था व युवावस्था में कदम रखता है, तो उसका मन भटकता रहता है। वह अपने आसपास लोगों को देखता है, बच्चों को देखता है और उनकी ही तरह कार्य करने लग जाता है। अगर आपका बच्चा ऐसे लोगों की संगति में रहता है, जो शराब पीते हैं, गप-शप व आवारागर्दी करते हैं, किसी को नुकसान पहुँचाने की चेष्टा करते हैं, लड़कियों को छेड़ते हैं, तो ऐसे में क्या आप इस तरह की संगति से दूर रह सकते हैं? बिलकुल नहीं।

संगति का असर बच्चों पर ज्यादा होता है। ये सारे विकार जिसकी मैंने चर्चा की है, संगति की ही देन है। अब आप जवानी में विकारों से ग्रस्त रहेंगे, तो ऐसे में आपके स्वास्थ्य व सुख को धक्का तो पहुँचेगा ही।

दोस्तो, अपने शरीर को स्वस्थ रखने के लिए कुछ अच्छे सूत्रों को जहाँ तक हो सके, अपने जीवन में जरूर अपनाएँ। इन पर एक नजर डालें–

- विचार ऐसे हों, जो सरल व उत्कृष्ट हों। ऐसे विचार जो उदारता से भरे हों और जिनसे सुंदर भावों की रचना होती हो।
- संगति अच्छों की करें। इस दुनिया में बुरे लोगों की कमी नहीं है। बुरे लोगों से जितना हो सके, अलग ही रहें।

- हमेशा अपने स्वास्थ्यव कर्म की चिंता करते रहें।
- कुछ अच्छे लोग होते हैं, जो हमेशा सत्य वचन बोलते हैं। ऐसे लोगों की पहचान करना आवश्यक है। ऐसे लोग तीखे वचन बोल सकते हैं। लेकिन वे जो कहेंगे, आपके भले के लिए कहेंगे।
- कुछ लोगों की फितरत ऐसी होती है, जो दूसरों की सफलता देखकर ईर्ष्या करते हैं। ऐसे लोगों से हिंसा या शत्रुता का भाव न रखकर दोस्ती का भाव रखें तथा उनसे प्रेरणा लेकर स्वयं भी अच्छा करने की चेष्टा करें।
- जिंदगी में बड़ी-बड़ी परीक्षाएँ देनी पड़ती हैं। कुछ परीक्षाओं में मनुष्य सफल हो जाता है, लेकिन कुछ परीक्षाओं में अपना हाथ-मुँह तुड़वा बैठता है। लेकिन कुछ लोग ऐसे होते हैं, जो स्वाभाविक रूप से आचरण करते हुए अपनी सफलता पर मुहर लगा बैठते हैं।

हमारे शरीर में मस्तिष्क एक अहम् हिस्सा है। मस्तिष्क के कार्य अत्यंत जटिल होते हैं। यह मस्तिष्क ही होता है, जो हमारे भावों को जन्म देकर मनुष्य को जानवरों से अलग रखते हैं।

हमारा मस्तिष्क ही यह फैसला करता है कि हमें क्या करना चाहिए और क्या नहीं। अपने अंग-प्रत्यंगों को सफलतापूर्वक कार्य करते देने के लिए शरीर में व्यवस्था संयोजन को महत्त्व देता है।

एमिली एच. कैण्डी का नाम आपने सुना होगा। वे विश्व प्रसिद्ध विचारक हुए। उन्होंने कई पुस्तकों की रचना की है। कैण्डी ने अपने विचारों को कई मंचो पर उभारा है।

कैण्डी का एक विचार सुनिए–जिस पदार्थ की कामना आप अपने हृदय में करते हैं, उसे तो ईश्वर ने पहले ही आपके लिए

सुरक्षित कर रखा है। इसलिए वह वस्तु या पदार्थ आपका होगा ही। मन में कभी निराशा को जगह ना दें।

अगर आपके मन में इच्छा है, उत्कंठा है तथा उसे पूर्ण करने के लिए अपने मन में विश्वास पैदा किया है, तो कोई शक नहीं कि वह वस्तु आप पा ना सकें। आपकी हर इच्छा पूरी हो सकती है।

खुद पर भरोसा रखें। अपनी सफलता पर विश्वास रखें। स्वप्न ऐसा देखें, जो आपके जीवन को प्रभावित कर सके।

स्वप्न ऐसा देखें, जो आपकी सफलता के लिए उत्तरोत्तर सरल हो सके।

परेशानियों व चिंता से मुक्ति का सरल उपाय

परिवार में जब आप कदम रखें या दफ्तर से लौटकर घर आएँ और घर में दाखिल हों, तो सब-कुछ भुला दें। दफ्तर से लेकर रास्ते तक, बस में या ट्रेन में या मेट्रो में आपके साथ क्या-क्या हुआ, इन सब बातों को बाहर ही छोड़ दें और घर में आकर घर की ही दुनिया में खो जाएँ। बच्चों से सहज रूप से मिलें। उन्हें प्यार करें। उनके साथ खेलें। बड़े-बुजुर्गों का हाल-चाल पूछें, पत्नी या दूसरे लोगों से बात करें एकदम सहज होकर।

कुछ भी ऐसा न प्रदर्शित करें, ताकि बाहर की परेशानी घर में आए। अगर आप ऐसा करते हैं, तो स्वयं के साथ-साथ परिवार को भी सुखी रख सकेंगे।

—नार्मन

सुप्रसिद्ध समाज-सुधारक व चिंतक नार्मन ने कहा है कि जो लोग अपने दफ्तर का गुस्सा घर पर उतारते हैं और घर का गुस्सा दफ्तर में, ऐसे लोग जीवन-भर परेशान व दु:खी रहते हैं।

एक छोटी-सी घटना का जिक्र करना चाहता हूँ। दिल्ली के संत नगर में ग्वालियर का एक दंपति किराए के मकान में रहता था और दरियागंज में कहीं नौकरी करता था। परिवार में पति-पत्नी, दो बच्चे, दादा-दादी सब थे। लंबा-चौड़ा परिवार था। अत: घर को चलाने के लिए पति-पत्नी दोनों को ही मेहनत करनी पड़ती थी। दोनों दरियागंज में नौकरी करते थे।

शाम को घर लौटते और घर में आते ही अपने ऑफिस के कामकाज की बातें करने लगते थे। अपने अनुभवों को शेयर करते रहते थे। इसी में रात हो जाती थी। उनके इस व्यवहार से माता-पिता व बच्चे दु:खी रहने लगे। वे नहीं चाहते थे कि बाहर की समस्या को वे घर में लाएँ। एक तो उनके पास वक्त नहीं होता था और जितना भी वक्त मिलता था, दोनों मियाँ-बीवी एक-दूसरे से बातें करने में ही गँवा देते थे। कभी-कभी तो हद हो जाती थी। बातें करते-करते दोनों एक-दूसरे से लड़ जाते और कभी-कभी उनमें मारपीट भी हो जाती थी। इससे बच्चे परेशान व दु:खी हो जाते थे। माँ-बाप अलग से परेशान रहते थे।

एक दिन नौबत यहाँ तक पहुँच गई कि दोनों का गुस्सा माँ-बाप पर टूट पड़ा। बेचारे बिना गलती के ही अपमान के शिकार हो गए। बच्चों को भी अपने दादा-दादी का अपमान होते देखकर अच्छा नहीं लगा। दादा-दादी ने फैसला कर लिया कि अब वे एक क्षण भी यहाँ नहीं रहेंगे और अगले दिन ही भारी मन से उस घर को छोड़कर चले गए, जिसे उन्होंने हमेशा अपना माना व देखा था।

इस तरह की घटनाएँ हमारे जीवन में अक्सर घटती रहती हैं। लेकिन एक समझदार व्यक्ति ऐसे वक्त को पैदा होने ही नहीं देता और वक्त से पहले ही हालातों को नियंत्रित कर लेता है।

विश्व के महान् विचारकों व संतों की वाणी उनके अनुभवों पर आधारित होती है, जो व्यक्ति को सोचने के लिए मजबूर कर देती है। अगर कोई व्यक्ति केवल संतों की वाणी व उनके विचारों को ध्यानपूर्वक सुने, तो अपने विकारों से मुक्ति पा लेता है और जीवन को सदैव एक निश्चित धारा पर अग्रसित करता है।

क्या आप उपरोक्त घटना से परिवार में सुख-शांति की उम्मीद कर सकते हैं? बिलकुल नहीं।

विशेषज्ञों ने माना है कि हमारे देश में 90 प्रतिशत लोग तमाम तरह के विकारों से जूझते रहते हैं। वे अपनी समस्याओं में उलझे रहते हैं। सुना-सुना कर दूसरों को भी दुःखी करते रहते हैं। ये समस्याएँ उनकी अपनी होती हैं, लेकिन वे चाहते हैं कि ऐसी समस्या से वे भी दो-चार हो सकें। यह सुख का नाश करता है। अपने सुख के साथ-साथ दूसरों का भी सुख छीन लेता है। अतः दोस्तो, हमेशा अपना दिमाग खोलकर हालातों का सामना करो और अधिक-से-अधिक सुख तलाशने की चेष्टा करो।

घर से बाहर निकलने पर विभिन्न तरह की घटनाएँ देखने को मिलती हैं। प्रत्येक घटना आपको संभालकर चलने की प्रेरणा देती है। लेकिन आप यह सब नहीं सीखकर घटना की नकारात्मकता को सीखते हैं और स्वयं के साथ-साथ परिवार को भी दुःखी छोड़ जाते हैं।

एक व्यक्ति शक्की स्वभाव का था। वह नांगलोई दिल्ली में अपनी पत्नी माला के साथ रहता था। नई-नई शादी हुई थी। माला

पढ़ी-लिखी, सुंदर, स्मार्ट युवती थी। व्यक्ति, जो माला का पति था—अविनाश एक एक्सपोर्ट फैक्ट्री में नौकरी करता था। वह रोज सुबह 9 बजे घर छोड़ देता था और रात्रि दस बजे ओवर टाइम करके घर लौटता था। आते ही वह खा-पीकर सो जाता था।

एक दिन अविनाश को पता चला कि उसकी अनुपस्थिति में उसका पड़ोसी दीनदयाल माला से मिलने आता है। पहले पड़ोसियों ने बताया, फिर एक दिन उसने स्वयं अपनी आँखों से देख लिया। इसके लिए उसने पड़ोसी दीनदयाल से खूब झगड़ा किया और बगैर कुछ जाने-समझे माला को पीट दिया। दीनदयाल ने सफाई दी थी कि माला बहन को बुखार था। अतः वह दवाई लाने के लिए मेडिकल स्टोर में गया था और अब दवाई देकर घर जा रहा था। लेकिन अविनाश के दिमाग में यह सब बात घुस ही नहीं रही थी। उसके दिमाग में तमाम तरह के विकार भरे थे। वह यही बात सोचता था कि माला जवान है, खूबसूरत है। कहीं उसकी अनुपस्थिति में माला व दीनदयाल कोई गुल तो नहीं खिला रहे। इस सोच से ऊपर वह उठ ही नहीं रहा था।

यह सच था कि माला अपनी जरूरत के सामान के लिए दीनदयाल को घर में बुला लेती थी और दीनदयाल उसे मना नहीं कर पाता था। लेकिन इतनी-सी बात को लेकर हंगामा मचता जा रहा था। हालात दिनो-दिन जटिल होते जा रहे थे। आखिरकार वही हुआ, जिसका डर था। माला ने अविनाश का साथ छोड़ दिया और अपने मायके चली गई।

सिर्फ अविनाश के शक्की स्वभाव ने उसके दांपत्य जीवन को नष्ट करके रख दिया था।

'शक' मनुष्य का वह विकार है, जो व्यक्ति की अनेक प्रकार की कमजोरियों का प्रदर्शन करता है और सफलता से दूर ले जाता है।

शंका या शक सुख को खोखला कर देता है। ना केवल मन को भटकाता है, बल्कि व्यक्ति के स्वास्थ्य को भी नष्ट कर देता है।

शक्की मनुष्य हमेशा उधेड़-बुन में डूबा रहता है। शक के दायरे में मनुष्य की वास्तविक ऊर्जा शक्ति का भरपूर उपयोग नहीं हो पाता है और यही कारण है कि नाना प्रकार के विकारों से ग्रसित होकर मनुष्य वास्तविक लक्ष्य से कहीं दूर चला जाता है।

शक वह विकार है, जो कभी-कभी मनुष्य को हिंसक बना देता है। आपने इस तरह की घटनाएँ तो सुनी ही होंगी कि शक के कारण पति ने पत्नी की हत्या कर दी। दिल्ली में ऐसी घटनाएँ पिछले साल काफी सुनी गई थीं।

मनुष्य के स्वस्थ व सुखी जीवन के लिए सबसे आवश्यक होता है, उसका उत्साह, उमंग।

यह उत्साह व उमंग उसमें प्राणशक्ति का व्यवस्थित संचार करता है और उसके हर अरमान को पूरा करता है। उत्साह, उमंग का धनी व्यक्ति हमेशा सकारात्मक पक्ष का प्रदर्शन करता है

कठोर अनुशासन जरूरी है!

इंग्लैंड के प्रधानमंत्री चर्चिल थे। चर्चिल के पुत्र को तेज रफ्तार से कार चलाने का शौक था। चर्चिल ने बार-बार अपने पुत्र को इसके लिए रोका था, लेकिन उस पर कोई असर नहीं पड़ा था। दरअसल उसे इस बात का घमंड हो गया था कि वह प्रधानमंत्री का पुत्र है, कोई उसका क्या बिगाड़ लेगा।

एक दिन की बात है। अपनी आदत के अनुरूप चर्चिल का पुत्र तेज ड्राइविंग करते ट्रैफिक पुलिस के हाथों पकड़ लिया गया।

मामला प्रधानमंत्री के पुत्र से जुड़ा था। अतः उस पर कोई भी कार्रवाई करने से पहले चर्चिल की इजाजत लेना आवश्यक था।

चर्चिल तक बात पहुँचा दी गई।

चर्चिल ने कहा, "प्रधानमंत्री के लड़के होने की कोई सुविधा मेरे पुत्र को न दी जाए। कोई भी ढील न देकर एक सामान्य नागरिक की तरह कानून के तहत् कार्रवाई की जाए।"

परिवार को एकजुट रखना सबसे बड़ा सुख है

आजकल परिवार छोटा होता जा रहा है। परिवार में पति-पत्नी और बच्चों के अलावा अन्य पारिवारिक सदस्यों की जगह कम होती जा रही है। एक जमाना था, जब संयुक्त परिवार होता था।

संयुक्त परिवार में माता-पिता, भाई-बहन, बच्चे सब होते थे। लेकिन फिर भी परिवार में हँसी-खुशी होती थी। परिवार में एकजुटता होती थी। परिवार का हर सदस्य खुश रहता था।

लेकिन आज परिवार छोटा है, फिर भी परिवार के सदस्य खुश नहीं रहते। इसका कारण क्या है?

इसका कारण है, व्यक्ति का अहम् व धैर्य का अभाव। लोगों की भूख बढ़ती जा रही है। ज्यादा-से-ज्यादा धन चाहिए। सुख व ऐश्वर्य के अधिक-से-अधिक साधन चाहिए। परिश्रम सफलता की कुंजी है, लेकिन लोग परिश्रम से ही कतरा रहे हैं और धन कमाने के लिए शार्टकट मार्ग चुन रहे हैं।

ये सारी स्थितियाँ व्यक्ति को अपनों से दूर कर रही हैं। यह परिवार के बिखराव का कारण बन जाता है।

व्यक्ति का सच्चा सुख व स्वास्थ्य उसकी प्रसन्नता में छिपा है। प्रसन्न रहना ही सफलता का मंत्र है। अगर परिवार का मुखिया ही प्रसन्न ना रहे, तो शेष सदस्यों को क्या प्रसन्नता होगी। वे दुःखी व परेशान ही रहेंगे।

व्यक्ति के अंदर तमाम तरह के विकार या अवगुण उभरकर उसे सच्चे सुख से दूर करते जा रहे हैं। सच्चे सुख की तलाश में मानव भटक रहा है, लेकिन उसे यह पता नहीं है कि सच्चा सुख उसके अंदर ही छिपा है। क्यों नहीं वह इस सुख को उभार रहा है?

क्योंकि वह शार्टकट मार्ग को अपना रहा है। क्योंकि वह परिवार को खुशी नहीं दे रहा है, क्योंकि वह अपने इरादे से भटकता जा रहा है। मनुष्य एक ऐसा सामाजिक प्राणी है, जिसे समाज में रहकर ही प्रसन्नता व सच्चे सुख की प्राप्ति होती है। व्यक्ति अपने स्वार्थ की माया में इस सुख से दूर होता जा रहा है। ऐसे में परिवार तो बिखरेगा ही।

माना कि एक परिवार में पति-पत्नी व दो बच्चे हैं। बच्चों को माता-पिता का प्यार व दुलार मिलता रहे, तो उनका रास्ता सही होता है। वे उस सुख की अनुभूति करते हैं, जो उन्हें चाहिए होता है। इससे उनका समग्र पोषण होता है। लेकिन आजकल के माँ-बाप, खासकर शहरी संस्कृति के अंग बन चुके माँ-बाप अधिक-से-अधिक धन कमाने के चक्कर में बच्चों को आया के हवाले करके काम पर जा रहे हैं। बच्चे अपने माता-पिता के प्यार व दुलार के लिए तरसते रह जाते हैं। ऐसे में वे दुःखी तो रहेंगे ही। जब दुःखी रहेंगे, तो उनका स्वास्थ्य विकास कैसे हो सकता है।

पति-पत्नी के पास समय नहीं है। उनकी मजबूरी है, उन्हें काम करना है। शहरी जिंदगी की तर्ज पर अपनी जीवन-शैली को अपनाने

की मजबूरी है। कहीं विकास की रफ्तार में वे पीछे न रह जाएँ, इसकी चिंता है। इसके लिए उन्हें कड़ी मेहनत करनी पड़ती है। ऐसे में परिवार के अन्य सदस्यों का ख्याल कहाँ से आएगा।

यही कारण है सुख की अभिलाषा में व्यक्ति दुःख के गर्त में गिरता जा रहा है। परिवार बिखर रहा है। बच्चे अपनों से दूर जा रहे हैं। बच्चों को देखने तथा उन्हें रास्ते पर लाने के लिए माँ-बाप के पास वक्त नहीं है। सुख की तलाश में दुःख की जड़ गहरी होती जा रही है।

इन सब स्थितियों से ऊपर उठकर ही व्यक्ति स्वयं के साथ-साथ परिवार को सुखी रख सकता है। आप ऐसी किसी भी स्थिति का शिकार न बनें, जो आपके जीवन को पटरी से उतार दे। शहरी कल्चर को हम उतना ही अपना सकें, जो हमारे जीवन को व्यवस्थित कर सके। एक सीमित मात्रा में सद्गुणों को अपनाएँ। फैशन, सभ्यता, संस्कृति के नाम पर अपने सुख की तिलांजलि न दें। कार्य उतना ही करें, जो परिवार व परिवार के अन्य सदस्यों का विकास कर सके। उन्हें सुखी व समृद्ध कर सके। ऐसा कोई काम न करें, ताकि परिवार में बिखराव उत्पन्न हो। परिवार का सुख खतरे में पड़ सके। हमें इन सब बातों से ऊपर उठने की जरूरत है।

> संसार में चाहे राजा हो या किसान, मात्र वही व्यक्ति सुखी है, जिसके घर में शांति है। शांति के लिए आपको कहीं और जाने की जरूरत नहीं है। यह शांति पहाड़ों पर भी नहीं मिलेगी और ना ही जंगल में तप करने से मिलेगी। शांति आपके पास है, आपके हाथ में है।
>
> –गेटे (महान दार्शनिक)

सदा मुस्कराते रहो

फ्रैंकलिन का नाम आपने सुना होगा। वह दुनिया के मशहूर लेखकों में से एक थे। फ्रैंकलिन ने लिखा है–मैं अपने कार्यालय में कार्यरत एक कारीगर से इसलिए प्रभावित हुआ, क्योंकि वह अन्य लोगों से अलग दिखा था। उसका व्यवहार अपने दूसरे लोगों व सहकर्मियों से अलग था। हर क्षण वह मुस्कराता था। सभी से अच्छा व्यवहार करता था। मीठा बोलता था। कभी घबराता नहीं था। बड़ा ही मिलनसार युवक था। सबका सम्मान करता था। जब भी कुछ बोलता, आदर व स्नेह से भीगे उसके शब्द होते थे। लेकिन जब वह संकट में होता, तब भी अपना धैर्य नहीं खोता था। निराशा तो कभी किसी ने देखी भी नहीं थी। मैंने हमेशा उसे मुस्कराते हुए देखा था। मुझे याद नहीं कि कभी वह चिंताग्रस्त हुआ था। उदासी व गम के क्षणों में भी मैंने उसे मुस्कराते देखा था।

एक दिन मैंने उक्त युवक को बुलाकर पूछा, "तुम इस तरह से जिंदगी के उतार-चढ़ाव में भी अपना संतुलन बनाए रखते हो। मैंने तुम्हें कभी निराश व हताश नहीं देखा। इसका क्या रहस्य है?"

इस पर वह युवक पूर्व की तरह मुस्कराकर बोला, "आप अन्यथा ना लें। मेरा व्यवहार ऐसा ही है। मैं जन्म से ही ऐसा हूँ। कोई राज नहीं है।"

"नहीं, मैं भरोसा नहीं कर सकता। कोई-न-कोई राज तो है," जब मैंने उसे कुरेदना चाहा, तो मुझे एक राज का पता चल गया। शायद वह इस ओर से अनजान था अथवा उसे नहीं लग रहा था कि इसमें राज जैसी कोई बात है।

युवक ने जवाब दिया–"मेरी पत्नी सुंदर है और हमेशा अच्छा व्यवहार करती है। हम दोनों एक–दूसरे को जान से बढ़कर चाहते हैं और प्यार करते हैं। इसके अलावा हमारे पास और कुछ नहीं है।"

कारीगर ने बताया–"जब मैं काम से लौटकर घर जाता हूँ, तोवह दरवाजे पर खड़ी रहती है और मुस्करा कर मेरा स्वागत करती है। उसकी मुस्कान से मेरे मस्तिष्क में स्फूर्ति व आनंद की तरंगें उठने लगती हैं और मैं अपनी सारी व्यथा व थकान भूल जाता हूँ। इसके बाद वह मेरे लिए चाय बनाती है। एक घूँट चाय पीते ही ऐसा लगता है कि मैं किसी अन्य दुनिया में आ गया हूँ। वह मुस्कराती रहती है और मैं दिवास्वप्न देखता रहता हूँ।"

कारीगर युवक ने कहा, "मेरी अनुपस्थिति में मेरी पत्नी घर के तमाम कार्यों को अकेला व्यवस्थित कर लेती है। घर साफ–सुथरा रहता है। बड़ा ही अच्छा लगता है। किचन में कहीं कोई गंदगी नहीं रहती है। यह सब देखकर खुशी अपने आप ही फूट पड़ती है।"

युवक ने बताया, "लोग कहते हैं कि सुख जन्नत में है। मेरी पत्नी जन्नत है। मैं अपने सुख के लिए जन्नत घर पर ही देख रहा हूँ, तो मुझे और कहीं जाने की क्या जरूरत है!"

फ्रैंकलिन ने लिखा है, इस युवक को जो सुख मिल रहा है, वह अन्यत्र दुर्लभ है। क्योंकि युवक के परिवार को कोई बड़ी ख्वाहिश नहीं है। एक–दूसरे को सुख पहुँचाना ही उनका मकसद है। यही सच्चा सुख है।

परिवार में तनाव, शोक बीमारियों को न्यौता देता है। अगर घर में एक व्यक्ति बीमार हो जाए, तो घर के सारे सदस्य, मित्र, शुभचिंतक सब परेशान हो जाते हैं। कोई सुखी नहीं रह पाता है।

यह सच है कि जहाँ चार बर्तन होते हैं, वहीं बर्तनों में टकराव भी होता है। परिवार के मुखिया को चाहिए कि घर में छोटे-मोटे मनमुटाव, टकराव को विस्मृत कर दे और सबकी जिम्मेवारी निश्चित करे। अगर ऐसा होता है, तो अपने-आप सुख का कमल खिलने लगेगा।

परिवार में एकता व मेल-जोल बना रहे, इसके लिए सबको मिलकर काम करने की जरूरत है। केवल घर का मुखिया ही सही रहे और परिवार के दूसरे सदस्य बेलगाम हो जाएँ, यह नहीं चलेगा। मुखिया का साथ देना जरूरी है। लेकिन परिवार के मुखिया का व्यवहार ऐसा न हो, ताकि किसी को लगे कि उनके साथ भेदभाव किया जा रहा है। जहाँ इस तरह का अहसास होता है, वहाँ सुख रसातल में चला जाता है।

दुश्मन वहीं घात करता है, जहाँ परिवार में फूट रहती है। अगर परिवार एकजुट रहे, तो दुश्मन आपको नुकसान पहुँचाने का साहस नहीं कर सकता है। दुश्मन आपके दरवाजे तक नहीं जा सकता। इसलिए पारिवारिक सुख के लिए सबको एक साथ लेकर चलने की जरूरत है।

व्यक्ति सुख व शांति की तलाश में निरंतर भटक रहा है। आधुनिक समय में सुख की कल्पना टेढ़ी खीर होती जा रही है। व्यक्ति का मन छटपटा रहा है। सुख की जितनी हम कोशिश कर रहे हैं, सुख उतना ही दूर होता जा रहा है। इसका कारण क्या है?

पत्नी मेरी प्रेरणा है

सुकरात का नाम आपने जरूर सुना होगा। वह महान् दार्शनिक थे। विद्वान् व्यक्ति थे। बहुत दूर की बाते सोचते थे और हमेशा मस्त रहते थे। लेकिन सुकरात की पत्नी यूँ तो बड़ी खूबसूरत थी, लेकिन उसका स्वभाव अत्यंत कठोर था। नाक पर ही गुस्सा रहता था। लड़ाकू नंबर वन। एकदम गरम मिजाज की औरत थी। सुकरात से उसकी जरा भी नहीं पटती थी। फिर भी सुकरात उससे तलाक लेने की बात सोच नहीं सकते थे। वह अपनी पत्नी की हर बात मानते थे तथा उसकी हर आज्ञा का पालन करते थे।

घर में सुकरात की पत्नी का वर्चस्व था। वह हर छोटी-छोटी बात पर आपे से बाहर हो जाया करती थी। जब भी वह गुस्से में अनाप-शनाप बकती, सुकरात मौन रहकर उसकी बात सुनते थे।

सुकरात शांत रहते थे, अक्सर चुप रहते थे और हमेशा कुछ-न-कुछ सोचते रहते थे। वे पत्नी की बात सुन-सुनकर इतने सहनशील हो गए थे कि उन्होंने कभी गुस्सा किया ही नहीं। पत्नी की डाँट-फटकार व उनके मौन व्यवहार ने उन्हें दूरदर्शी बना दिया।

सुकरात को लग रहा था कि पत्नी की उपस्थिति में उनके अंदर के सारे गुण विकसित होते जा रहे थे, जो अब तक विकसित नहीं हो सके थे। सुकरात को पता ही नहीं चला कि कब वे दार्शनिक हो गए। लेकिन उन्होंने इसका सारा श्रेय अपनी पत्नी को दिया था।

एक बार सुकरात के घनिष्ट मित्र व शुभचिंतक उनसे मिलने घर आए। चाय की चुस्की के बीच हँसी-गप्प चलता रहा। सुकरात के एक मित्र ने उन्हें छेड़ने की कोशिश की, "सुकरात, एक तुम हो, जो अपनी पत्नी की आज्ञा का पालन करते रहते हो, लेकिन एक मैं हूँ, जिसने कभी पत्नी को भाव ही नहीं दिया। क्या तुम पत्नी का गुलाम बनकर जीना चाहते हो?"

सुकरात ने बड़े धीर-गंभीर स्वर में उत्तर दिया-"मेरी पत्नी प्रेरणा देती है। आज मैं जो कुछ हूँ, पत्नी के कारण हूँ। मैं उससे अलग रहने की बात सोच ही नहीं सकता।"

सुकरात के इस जवाब से दोस्तो व शुभचिंतकों का मुँह लटक गया था।

इसका कारण है, हम दिनो-दिन धैर्य को खोते जा रहे हैं। अगर हम सहनशील हो जाएँ, सहनशीलता के गुण सीख लें, तो कोई कारण नहीं कि हम सुख को प्राप्त न कर सकें।

लेकिन सहनशीलता आएगी कहाँ से?

टालस्टाय की महानता व सहनशीलता

महान् लेखक टालस्टाय की गिनती लेखकों में सर्वोच्च है। उनकी पत्नी बेहद सुंदर व आकर्षक थी। लेकिन टालस्टाय की पत्नी टालस्टाय के व्यवहार से कभी खुश नहीं हो सकी थी। इसका कारण था, टालस्टाय का निरंतर उपन्यास लेखन। वह जब लिखना शुरू कर देते, तो उन्हें वक्त का अहसास ही नहीं रहता था। कब सूरज उगा व कब अस्त हो गया।

कब रात हुई व कब सुबह निकल गई। जब तक वे लेखन से संतुष्ट व तृप्त नहीं हो जाते थे, वे लगातार लिखते रहते थे। उन्हें कोई डिस्टर्ब नहीं कर सकता था। उपन्यासकार की सबसे बड़ी विशेषता यह थी कि वह टॉपिक को एक बार में ही पूरा कर लेते थे। रात-दिन लेखन कला में व्यस्त रहने के कारण टालस्टाय की पत्नी को लगता था कि उनकी जिंदगी में लेखन के अलावा कुछ भी नहीं है। कई बार उनकी बीवी को लगता था कि टालस्टाय से शादी करके वह खुश नहीं है। टालस्टाय ने उसे धोखा दिया है।

दिन पर दिन टालस्टाय की लेखन-व्यस्तता ने उनकी जीवन संगिनी को गुस्सैल व लड़ाकू स्वभाव का बना दिया था। जब-जब उसे गुस्सा आता था, वह टालस्टाय के स्टडी में घुस जाती और उपन्यास के पन्नों को फाड़कर फेंक देती थी। क्योंकि उसे लगता था कि उपन्यास उनकी सौत बन गई है। अगर उपन्यास ही ना हो, तो टालस्टाय का प्रेम वह संपूर्ण रूप से प्राप्त कर सकती थी। यही कारण था कि वह अक्सर अपना गुस्सा टालस्टाय के लिखे कागजों पर उतारती रहती थी।

टालस्टाय अपनी पत्नी के व्यवहार से कभी दुखी नहीं हुए। और-तो-और, वह सहानुभूति का प्रदर्शन करते रहे। उन्हें भी इस बात का दुख होता था कि वह पत्नी को पूरा समय नहीं दे रहे हैं। पत्नी पर जुल्म कर रहे हैं, लेकिन मजबूरी थी कि लेखन में डूब जाते, तो उन्हें दीन-दुनिया का कोई होश ही नहीं रहता था। जब-जब पत्नी फटकारती थी, वे मौन रहकर सुनते जाते थे। उन्होंने कभी गुसा नहीं किया। कभी अपनी पत्नी पर हाथ नहीं उठाया था। इसके विपरीत उन्होंने पत्नी के कर्कशपन व्यवहार को महानता के साथ अपना लिया था।

यह टालस्टाय की महानता व सहनशीलता का आदर्श उदाहरण कहा जा सकता है।

सहनशीलता के लिए अपने चरित्र व चिंतन को विकसित करने की जरूरत है।

यह सच है कि परिवार में प्रत्येक व्यक्ति का स्वभाव अलग-अलग होता है। हर व्यक्ति अपने स्वभाव के अनुरूप आचरण करता है। परिवार के मुखिया को चाहिए कि हर व्यक्ति की भावनाओं का सम्मान करे। अगर कोई सदस्य अपने व्यवहार के अनुरूप आचरण करता है, तो आप उसे उसके व्यवहार से अलग रखने की चेष्टा न करें। अन्यथा वह बागी हो सकता है।

कुछ परिवार ऐसे होते हैं, जहाँ रोज ही लड़ाई-झगड़ा होता है। घर के लोग आपस में लड़ते रहते हैं। एक-दूसरे पर टीका-टिप्पणी करते रहते हैं। पति-पत्नी में मारपीट होती है। बच्चे पर नाहक गुस्सा उतारा जाता है।

क्यों ऐसा करते हैं लोग? कभी आपने सोचा है? क्या ऐसे परिवार में सुख व शांति की स्थापना नहीं की जा सकती है?

अवश्य की जा सकती है।

लेकिन इसके लिए परिवार के मुखिया का दृष्टिकोण उन्नत करने की जरूरत है। उसे उतना ही सहनशील भी होना होगा। उसे परिवार के हर सदस्य की समस्या का समाधान व सदस्यों में मेल-जोल स्थापित करने के लगातार प्रयास करने होंगे। फिर एक दिन स्थिति अनुकूल हो जाएगी। आप सब-कुछ पटरी पर पाएँगे और हमेशा खुश रह सकेंगे।

सुख-दुःख जीवन का अंग है। क्या आप चाहते हैं कि जीवन में हमेशा दुःखी रहें? नहीं ना।

तो फिर सुख के लिए प्रयास क्यों नहीं करते? मैं आपको बताता हूँ कि आप जीवन में सुखी, कामयाब व स्वस्थ कैसे रह सकेंगे।

नीचे दिए बिंदुओं पर गौर करें–

- सत्य बोलें, खासकर परिवार का मामला हो, तो सत्य धर्म का निर्वाह करते रहें। किसी के पक्ष से कुछ भी नहीं बोलें। केवल सत्य का दर्पण दिखाएँ और परिवार के सदस्यों को सोचने पर मजबूर कर दें।
- बच्चों से प्यार करें तथा उनकी गलतियों को क्षमा कर दें।
- हर व्यक्ति अपनी योजना के अनुसार कार्य करता है। कुछ लोग कामयाब हो जाते हैं, जबकि कुछ लोग असफल रह जाते हैं। जो कामयाब होते हैं, उनकी कामयाबी पर तारीफ करें। जो असफल रह जाते हैं, उन्हें दु:खी न करें बल्कि उनका दु:ख हलका करने की कोशिश करें। उन्हें हर संभव सहयोग करें, प्रोत्साहित करते रहें।
- विनम्रता व सज्जनता का प्रदर्शन करें।
- पारिवारिक समस्याओं का समाधान करते समय न्यायपूर्ण फैसला करें।
- अपनी एक अलग छाप बनाएँ और हर व्यक्ति को उससे प्रभावित करें।
- कम-से-कम बोलें।
- मौन रहकर अनेक बातें सीखी जा सकती हैं और अपनी दृष्टि व अंदाज को विकसित किया जा सकता है।
- गुस्से का परित्याग संभव ना हो, तो कुछ समय के लिए स्थान छोड़कर चले जाएँ, जहाँ गुस्सा उत्पन्न होता हो। गुस्से में व्यक्ति अपना आपा खो देता है। गुस्सा ठंडा होने के बाद केवल बर्बादी ही नजर आती है।

- सहनशील व धैर्यवान बनें।
- जो लोग सहनशील नहीं होते, वे जीवन में कुछ भी नहीं कर सकते एक सहनशील व्यक्ति ही सफलता को आत्मात करता है।
- किसी की आलोचना करने से ज्यादा अच्छा है कि उस व्यक्ति को सही राह दिखाई जाए, ताकि वह अपना कार्य भलीभाँति व बिना विघ्न के पूरा कर सके।
- चरित्रवान् बनें।
- जहाँ तक संभव हो सके, ईमानदारीपूर्ण आचरण का प्रदर्शन करें।
- निर्मल हृदय के मालिक बनें।
- सबसे प्यार करें, बच्चों से, पत्नी से, घर के बड़े-बुजुर्गों से, पड़ोसियों से और यहाँ तक कि अपने दुश्मनों के भी गले लगें।
- विनम्रता का प्रदर्शन करें।
- परिवार के हर सदस्य का ख्याल रखें।
- स्वच्छ व स्वस्थ वातावरण में साँस लें।
- सुख-दु:ख का समान व डटकर मुकाबला करें।
- अपना आत्मविश्वास कम होने न दें।
- पति-पत्नी एक-दूसरे की भावनाओं का ख्याल रखें। कभी किसी को चोट न पहुँचाएँ। जब भावनाएँ आहत होती हैं, तो परिवार में कलह उत्पन्न होती है।
- एक-दूसरे का मजाक न उड़ाएँ।
- बुद्धि व कौशल के साथ बात करें और अपनी महानता का प्रदर्शन करें।

- जहाँ तक हो सके, सबकी भलाई की बात सोचें।
- आत्मशुद्धि व आत्मविश्वास करें।
- किसी की निंदा न करें।
- मानसिक तनाव को स्वयं पर हावी होने न दें।
- चिंता की ग्रंथि में जकड़े ना रहें।
- अपने चरित्र को ऊँचा बनाए रखें।
- अपने कर्त्तव्य व धर्म का पालन करते रहें।
- डिप्रैशन, कुंठा के शिकार वे लोग होते हैं, जो मानसिक व शारीरिक रूप से कमजोर व निर्धन होते हैं।
- बीमारी होने पर अपना आत्मविश्वास ऊँचा रखें।
- सदा स्वास्थ्य के नियमों का पालन करते रहें। स्वास्थ्य सूत्रों का पालन करने के लिए घर में रहना आवश्यक नहीं है। आप उन मुसलमानों से कुछ सीखिए, जो घर से बाहर रहते हैं और जहाँ भी रहते हैं, नमाज अदा कर लेते हैं।
- कभी भी खुद पर अत्याचार न करें।
- प्रकृति के जितना अधिक करीब रह सकें, उतना ही अच्छा है। फिर देखिए सुख क्यों नहीं मिलता है? फिर देखिए आपका स्वास्थ्य उत्तम क्यों नहीं बनता है?

दोस्तो, सुखी व स्वस्थ जीवन का यही राज है कि आप अपना कार्य व धर्म का पालन प्रकृति के अनुरूप जारी रखें और सदा अपने कर्त्तव्यपथ पर अडिग रहें।

रास्ते में तूफान आते रहेंगे, जाते रहेंगे, उनकी क्या चिंता! क्योंकि ये भी तो प्रकृति के अंग होते हैं। प्रकृति के अनुरूप आचरण करोगे, तो हमेशा सुख मिलेगा। सफलता मिलेगी। स्वास्थ्य अच्छा रहेगा।

जीवन में सूर्यास्त तो एक दिन होगा ही, यह भी प्रकृति का एक हिस्सा है। इसलिए हर काम प्रकृति के साथ चलते हुए ही करने की आदत डालनी चाहिए।

आखिर में दो शब्द आपके लिए–

- जब आपने ठान लिया है कि सुख को प्राप्त करके रहेंगे, तो कामयाबी अवश्य मिलेगी।
- जब आपने ठान लिया है कि स्वास्थ्य को उत्तम बनाकर रहेंगे, तो अवश्य सफलता मिलेगी और इसके लिए आपको कहीं और जाने की जरूरत नहीं है। सब–कुछ आपके पास, आपके इर्द–गिर्द है...।

4

उत्तम आहार व आपका स्वास्थ्य

भारत-अमेरिका के प्रसिद्ध व ख्यातिप्राप्त चिकित्सकों ने उत्तम स्वास्थ्य के लिए कुछ सूत्र अपनाने की सलाह लोगों को दी है। ये सारे सूत्र अनुसंधान व अध्ययन के पश्चात् तैयार किए गए हैं। इसमें प्रकृति का भी समावेश है। सरलता व सौंदर्य भी निहित है।

आइए सर्वप्रथम इन पर एक नजर डालते हैं–

- सूर्योदय से पहले बिस्तर छोड़ दें।
- मन-मस्तिष्क शांत रखें।
- नियमित व्यायाम या योगासन।
- मुख व दाँतों की स्वच्छता का ध्यान।
- चिंता की पराकाष्ठा से बचें।
- उदार दृष्टिकोण।
- शरीर को स्वच्छ रखें। नियमित रूप से स्नान करें।
- घर में स्वच्छ वातावरण रखें।
- प्राकृतिक सौंदर्य व स्वच्छता का विकास करें।
- हर कार्य को सावधानी के साथ व धैर्यपूर्वक करें।
- आपकी बातचीत संक्षिप्त, परंतु प्रभावशाली होनी चाहिए।
- बिस्तर स्वच्छ व सुगंधित होना चाहिए।

- सोते समय ढीले-ढाले व कम-से-कम कपड़े पहनें।
- हमेशा सूती वस्त्र पहनने की आदत डालें।
- वस्त्र गंदे न पहनें।
- दूसरों के उतारे वस्त्र व तौलिए का प्रयोग न करें।
- घर को कम-से-कम दो बार साफ रखें।
- नाश्ता, भोजन आदि समय पर करें।
- नशीले पदार्थों का सेवन न करें।
- आपका शयनकक्ष ऐसे स्थान पर होना चाहिए, जहाँ ताजी हवा आ सके।
- रात में समय पर सो जाएँ। देर रात तक टी.वी. न देखें।
- रात में कम-से-कम 6 घंटे की नींद आवश्यक है।
- ताजा भोजन करें। बासी भोजन मवेशियों को खिला दें।
- गरिष्ठ भोजन कदापि न करें।
- भोजन खूब चबा-चबा कर करें।
- जल्दबाजी में भोजन न करें।
- भोजन के एक घंटे बाद पानी पिएँ।
- हमेशा स्वच्छ, उबले जल का सेवन करें इत्यादि।

चिकित्सकों का विचार है कि उपरोक्त नियमों का पालन करने से व्यक्ति कम बीमार होता है। शारीरिक क्षमता व शक्ति बनी रहती है। सुख व सेहत की प्रसन्नता बरकरार रहती है।

यह बताने की कोई आवश्यकता नहीं कि सफलता के लिए अच्छी सेहत आवश्यक है। अगर आप सुंदर शरीर के मालिक नहीं हैं, तो आप लोगों पर अपना कोई असर नहीं छोड़ सकते।

जिन व्यक्तियों का स्वास्थ्य उत्तम रहता है, उनके पास ही कार्य करने की क्षमता व ऊर्जा रहती है।

हमारा भोजन संतुलित व स्वच्छ रहे, तो शरीर का अच्छा पोषण हो जाता है। संतुलित भोजन से शरीर का संपूर्ण विकास होता है। संतुलित आहार के साथ-साथ पूर्ण विश्राम व अच्छी निद्रा भी चाहिए। अनेक लोग संतुलित आहार तो लेते हैं, लेकिन वे विश्राम कम ही कर पाते हैं। विश्राम के लिए उनके पास वक्त नहीं होता। ऐसे में हम अच्छी सेहत के मालिक नहीं बन सकते।

हमारा शरीर एक मशीन की तरह है। मशीन में अनेक छोटे-छोटे पार्ट-पुर्जे होते हैं। मशीन अगर रात-दिन चलती रहे तो जल्द ही खराब हो सकती है। अतः मशीन को विश्राम देना जरूरी हो जाता है। केवल मशीन को विश्राम देने से ही काम नहीं चलता, बल्कि मशीन के कल-पुर्जों की समय-समय पर मरम्मत भी आवश्यक है।

मशीन व्यवस्थित ढंग से काम कर सके, हमें यह भी देखना होगा कि नियिमित रूप से मशीन काम भी करती रहे। अगर मशीन से काम लेना बंद कर देंगे, तो बहुत जल्द उसमें जंग लग सकती है।

इस तरह से हम पाते हैं कि हमारा शरीर भी उसी मशीन की तरह है, जहाँ इस शरीर से काम लेना और विश्राम करना दोनों ही जरूरी हैं। अगर शरीर को लगातार आराम देंगे, तब भी शरीर के अंगों की कार्यक्षमता नष्ट हो सकती है। अगर शरीर को लगातार काम देते रहेंगे, तब भी सेहत को खतरा उत्पन्न हो सकता है। अतः हमें यह जानने व समझने की जरूरत है कि शरीररूपी मशीन को एक उचित व्यवस्था पर रखकर काम के साथ-साथ उचित आराम भी दे सकें। इस तरीके से सेहत व सौंदर्य की रक्षा की जा सकती है।

अगर हम स्वस्थ हैं, आनंदपूर्वक रहते हैं, तो इसका यह भी मतलब है कि हम अच्छी नींद लेते हैं।

अच्छी नींद हमारे शरीर में कोशिकाओं में होने वाली सामान्य टूट-फूट की मरम्मत करता है। जब हम रात्रि में पूर्ण विश्राम व गाढ़ी निद्रा लेते हैं, तो अगले दिन के लिए हम एक नवीन ऊर्जा व फुर्ती का अनुभव करते हैं। यह फुर्ती व शक्ति ही अगले दिन के लिए हमारे कार्य को सरल बना देती है।

जरा सोचिए, अगर आपको रात में नींद ना आए, तो अगले दिन आप कैसा महसूस करेंगे?

निश्चित रूप से आप परेशान, व्याकुल रहेंगे। शरीर में शिथिलता रहेगी। आलस्य के शिकार होंगे। किसी भी कार्य में मन नहीं लगेगा। यानी पूरा दिन ही खराब हो जाता है। लगातार अनिद्रा तो एक हजार एक बीमारियों को न्यौता देती है। इसलिए यह भी जरूरी है कि हम पूर्ण निद्रा लें। रात में जब बिस्तर पर जाएँ, तो दिमाग को जितना हलका कर सकते हैं, करें। शरीर को पूरी तरह ढीला छोड़ दें। कुछ भी न सोचें। इस तरह से आप जल्द ही नींद के आगोश में जा सकते हैं।

अनेक लोगों को रात में नींद नहीं आती है। यह कमजोर स्वास्थ्य व बीमारियों के खतरे की भी निशानी है। क्यों नहीं आती नींद?

इसके कई कारण हो सकते हैं। नींद लाने के लिए हम भिन्न-भिन्न उपाय करते हैं। कुछ लोग नींद की दवाई लेने लग जाते हैं। नींद की दवाई शरीर की रोग-प्रतिरोधक क्षमता को नष्ट करती है। अगर हम लगातार नींद की दवाई का सेवन करने के आदी हो जाएँ, तो हमारा स्वास्थ्य नष्ट हो सकता है। हम कई जटिल रोगों के शिकार हो सकते हैं।

अतः नींद लाने के लिए हमें प्राकृतिक तरीके से ही कुछ करने की जरूरत है। मन में सोचिए कि आपको नींद क्यों नहीं आती? हो

सकता है आप मानसिक रूप से ज्यादा परेशान हों? हो सकता है कि आप रात में ऐसा खाना खाते हो, जो आपकी प्रकृति के विरुद्ध हो?

यह भी हो सकता है कि आप किसी-न-किसी रोग की आशंका से जूझ रहे हों, यह भी हो सकता है कि शरीर में कोई रोग दस्तक दे रहा हो। ऐसी स्थिति में उपचार आवश्यक हो जाता है।

जिन व्यक्तियों को अच्छी नींद नहीं आती, उनका स्वास्थ्य हमेशा दुर्बल रहता है। वे रोगी होते हैं और जीवन में असफल रहते हैं।

अगर आप अपनी सेहत को बनाए रखना चाहते हैं, तो अच्छी नींद आए, इस बात की भरसक चेष्टा करें।

मन व शरीर को स्वस्थ रखने के लिए अच्छे भोजन के साथ-साथ घूमना-फिरना और शरीर को सक्रिय रखना भी आवश्यक होता है। एक बात और जिन लोगों को रात में नींद नहीं आती, वे इस पर भी विचार करें कि क्या उन्होंने कठोर परिश्रम किया भी है?

क्योंकि वैज्ञानिकों ने यह सिद्ध कर दिया है कि जो लोग खूब परिश्रम करते हैं, वे ही रात में अच्छी नींद लाते हैं। इसके अनेक उदाहरण दिए जा सकते हैं। कल-कारखानों में काम करने वाले मजदूर, कारीगर, किसान, खेतों में काम करने वाले श्रमिक आदि को गाढ़ी निद्रा आती है। क्यों? क्योंकि लगातार काम करते-करते उनका शरीर थक चुका होता है। एक थका हुआ शरीर ही अच्छी निद्रा को ग्रहण कर सकता है।

दोस्तो, दिमाग में किसी तरह का तनाव आपको व्यथित करे, तब भी आप रात में ठीक से सो नहीं पाते हैं। अतः यही जरूरी है कि आप रात में बेड पर जाएँ, तो सभी तरह के तनावों से मुक्त हो जाएँ और निद्रा देवी की आराधना करते हुए निद्रा के आगोश में समा जाएँ।

एक अच्छे स्वास्थ्य के लिए एक्सरसाइज भी बहुत जरूरी है। आप सुबह-सवेरे उठकर टहलने निकल जाइए। फिर देखिए, आप कैसी स्फूर्ति पाते हैं। कुछ लोग ब्रश आदि करके घर पर ही छोटे-मोटे व्यायाम कर लेते हैं। कुछ लोग योगा करते हैं, मेडिटेशन करते हैं। इन सबसे शरीर सुंदर होता है। आकर्षक होता है।

एक्सरसाइज करने से शरीर के अंगों में रक्त का संचार बढ़ जाता है। इससे अनेक रोग-व्याधियों से मुक्ति मिल जाती है।

हमें नियमित रूप से नित्य क्रिया से निबटकर स्नान-पूजा-ध्यान भी करना चाहिए। ध्यान लगाने से आत्म अवलोकन हो जाता है। जो लोग नियमित रूप से स्नान करते हैं, वे कम बीमार पड़ते हैं। अब तो चिकित्सकों ने भी यह साबित कर दिया है।

स्नान करने से तन व मन की स्फूर्ति बढ़ जाती है। मन प्रसन्न व दिमाग तनाव मुक्त हो जाता है।

हमें सब तरह के नशों से मुक्त रहने की जरूरत है। नशा शरीर में रक्तसंचार को अत्यंत तीव्र कर देता है, जिसके फलस्वरूप शारीरिक अंगों में उत्तेजना भड़क जाती है और आंतरिक कार्य प्रणाली भी अव्यवस्थित हो जाती है।

उत्तम विचार का निर्माण उत्तम शरीर व सेहत से होता है, अब यह बताने की जरूरत नहीं है। आपका स्वास्थ्य जैसा होगा, आपके विचार भी वैसे ही होंगे। अत: स्वच्छ व उत्तम विचार के लिए भी हमें अपने शरीर को स्वच्छ व सेहत को बुलंद बनाए रखने की जरूरत है।

यह भी कहा जाता है कि जिन व्यक्तियों का स्वास्थ्य उत्तम रहता है, वे अच्छे चरित्र व चिंतन के मालिक होते हैं। सुंदर स्वास्थ्य से ही सुंदर विचारों का प्रादुर्भाव होता है। जिन व्यक्तियों का स्वास्थ्य उत्तम रहता है, वे लोग अच्छा सोचते हैं। हमेशा सकारात्मक सोचते हैं और सकारात्मक तरीके से अपना हर कार्य करते हैं।

अच्छे विचारों के लिए सुसंगति भी आवश्यक है। अगर आपकी संगत खराब हो, तो अच्छे विचार कहाँ से आएँगे? आपने ऐसे लड़कों को देखा होगा, जो घर से निकलकर किसी जगह एकत्र हो जाते हैं और आपस में खूब मस्ती करते हैं। किसी लड़की को छेड़ने की योजना बनाते हैं। किसी के बारे में गलत सोचते हैं। इन सब बातों व नकारात्मक संगति का आपके जीवन व विचारों पर गहरा असर पड़ता है।

इसके विपरीत जो लोग अच्छी संगति में रहते हैं, दूसरों के अच्छे गुणों व विचारों को अपनाते हैं, अपने से बड़े लोगों का सम्मान करते हैं, इंद्रियों को अपने वश में रखते हैं, ऐसे लोगों का विचार उनके उत्तम स्वास्थ्य से जुड़कर और महान् बन जाता है। ऐसे लोग छोटी बात कर ही नहीं सकते।

सुंदर चरित्र व उत्तम विचार के लिए निम्न बातों को जगह दें–

- महापुरुषों की जीवनियाँ पढ़ें।
- अपनी इंद्रियों को वश में रखने के लिए ईश्वर से प्रार्थना करें।
- उत्तेजना पैदा करने वाले खाद्य पदार्थों को कम तरजीह दें।
- हमेशा दूर की बातें सोचें और मन को सकारात्मक कार्यों के प्रति अग्रसर रखें।
- अपने हृदय में करुणा व उत्साह को जगह दें।
- ईश्वर में आस्था रखें।
- पराई स्त्री से प्रेम न करें और ना ही पराई स्त्री के प्रति कोई कामुक विचार रखें। इससे मन अपवित्र होता है। दूषित विचारों के कारण आपकी क्षमता नष्ट होने लग जाती है। अगर आप शादीशुदा हैं, तो अपनी स्त्री के प्रति ही अपना ध्यान लगाएँ और उसी के सौंदर्य की ही चर्चा करें।

- कुछ स्त्रियाँ या युवतियाँ ऐसी होती हैं, जो अपना काम निकालने के लिए मर्दों पर हुस्न के तरकश चलाती हैं। वे आपको फँसाने के लिए अपने शरीर व स्त्रीत्व को भी कुर्बान करने से पीछे नहीं रहतीं। ऐसी स्त्रियों के हुस्नजाल में फँसकर आप अपनी जिंदगी जरूर तबाह कर लेंगे! याद रखें।
- धैर्य व सुलझे हुए विचारों के साथ अग्रसर हों।
- कहा गया है—जो लोग क्रोध, ईर्ष्या, शोक, दुर्व्यसन, लोभ, मद, काम आदि से परे रहते हैं उनका स्वास्थ्य सुंदर व उत्तम रहता है।

निरोगी काया के बिना संसार के समस्त सुख बेकार हैं

एक विचारक ने कहा है, जो यथार्थ लगता है—

- आलस्य में विद्या की हानि होती है।
- पराए हाथ में जाने से धन हानि होती है।
- धन के अभाव से व्यापार में हानि होती है।
- झूठ बोलने से प्रतिष्ठा की हानि होती है।
- बगैर नेता के दल की हानि होती है।
- एकता व अखंडता के बगैर राष्ट्र की हानि होती है।

इस विचारक ने स्वास्थ्य व सेहत के संदर्भ में उपरोक्त बात कही है। उसने कहा है कि इसी प्रकार से निरोगी काया के बिना आप संसार का कोई भी सुख नहीं ले सकेंगे।

संसार के समस्त सुखों के लिए आपका स्वस्थ होना बहुत जरूरी है। जब आप स्वस्थ नहीं रहेंगे, तो संसार के सुखों को कैसे अर्जित करेंगे? इस संसार में रंगीनियाँ हैं, अनेक ऐसे स्थान हैं, जहाँ आपकी तबीयत व विचारों को नई ऊर्जा मिलती है। आप भरपूर

एंज्वाय करते हैं। यह तभी संभव है, जब आप स्वस्थ हैं। एक बीमार, उदास व्यक्ति को पूरी दुनिया ही रंगहीन व बदसूरत नजर आती है। एक व्यक्ति जो अक्सर बिस्तर पर रहता है, वह चल-फिर नहीं सकता, न ठीक तरह से भोजन कर सकता है, भला ऐसे लोग सुंदर व्यंजनों के स्वाद की बात क्या करेंगे? घर पर पड़े-पड़े आप दुनिया की खूबसूरती को नहीं देख सकते। उसके लिए आपको घर से बाहर जाने की जरूरत होगी। इसके लिए अपने स्वास्थ्य को सुंदर व उत्तम बनाएँ।

सुंदर व उत्तम स्वास्थ्य के लिए अपने शरीर को फिट रखने के साथ-साथ अपने व्यवहार, विचार, चिंतन आदि का भी ध्यान रखने की जरूरत है। संपूर्ण स्वास्थ्य की कल्पना तभी साकार हो सकती है, जब अच्छी सेहत के साथ-साथ आपके उत्तम व परिष्कृत संस्कार भी जुड़ जाएँ। आप हर कार्य मर्यादित तरीके से करें। आपकी वेशभूषा, अंदाज, चाल सब-कुछ सरल व सहज होना चाहिए। उसमें मर्यादा व संपूर्णता भी झलके।

हम अस्वस्थ क्यों हैं? जब हमारा मन बार-बार अस्वस्थ रहने का संकेत देता है, तो हम अस्वस्थ हो जाते हैं। लेकिन जैसे ही हमारा मन सहज हो जाता है, शांत हो जाता है, हम स्वस्थ होना शुरू हो जाते हैं।

अब हम कुछ ऐसी बातों की चर्चा करेंगे, जो हमारे जीवन से जुड़ी व व्यावहारिक कही जा सकती हैं।

अगर आपको कोई रोग लग जाए, तो उसका उपचार करना आवश्यक हो जाता है। कैसा होना चाहिए आपका उपचार?

आपने देखा होगा कि एक रोगी पर दवाई का असर होता है, लेकिन वही दवाई दूसरे समान रोगी पर ज्यादा असर नहीं करती। ऐसा क्यों होता है?

इसका कारण है, हमारी रोगप्रतिरोधक क्षमता की भिन्नता। हर व्यक्ति या हर रोगी की रोग प्रतिरोधक क्षमता भिन्न-भिन्न हो सकती है।

आपने देखा होगा, आप कहीं से आ रहे हैं, आपके साथ आपका अनुज भी है या आपका कोई दोस्त हो सकता है। आपको लगता है कि आप बहुत ज्यादा थकान महसूस कर रहे हैं। लेकिन इसका असर दूसरे व्यक्ति पर कम होता है। एक व्यक्ति जल्द ही फ्लू की चपेट में आ जाता है। दूसरे व्यक्ति पर इसका असर नहीं पड़ता। एक व्यक्ति को सर्दी-जुकाम लग जाता है। दूसरे व्यक्ति को यह प्रभावित नहीं करता।

ऐसा इसलिए होता है कि हर व्यक्ति की रोग प्रतिरोधक क्षमता अलग-अलग होती है। जिस व्यक्ति का स्वास्थ्य उत्तम होता है, उसकी रोग-प्रतिरोधक क्षमता बढ़ी होती है और यही कारण है कि वह जल्दी बीमार नहीं होता। दूसरी ओर, जिन लोगों का स्वास्थ्य दुर्बल रहता है, वे ही लोग अधिक संक्रमित होते हैं।

ट्रेन में आप यात्रा कर रहे हैं। अगर आपके बीच कोई यात्री आ जाए, जिसे सर्दी-जुकाम हो, तो ऐसे लोगों के संक्रमण का खतरा अधिक बढ़ जाता है, जो कमजोर व दुर्बल होते हैं।

बहराल, बीमार व्यक्ति की चिकित्सा आवश्यक होती है। यह चिकित्सा या तो डॉक्टर करता है अथवा स्वयं रोगी थोड़ी सावधानी व परहेज रखकर कर सकता है।

आइए, हम बताते हैं कि कैसे आप अपने शरीर को निरोग रख सकते हैं–

- प्रत्येक व्यक्ति के शरीर का सामान्य तापमान 98.4^0 डिग्री रहता है। इससे ज्यादा या कम तापमान होने पर शरीर रोगी

हो जाता है। तापमान के घट-बढ़ जाने के कारण असर श्वास व नाड़ी की गति पर भी पड़ता है। थर्मामीटर से आप अपने शरीर के तापमान का पता लगा सकते हैं।

- जब शरीर में कोई भी रोग होता है, तो उसके लक्षण पहले से ही दिखने लग जाते हैं। स्वयं व्यक्ति इसको महसूस कर सकता है। याद रखिए, कोई भी रोग एक दिन में नहीं होता। उसकी उत्पत्ति बहुत पहले से हो जाती है और व्यक्ति इसको महसूस कर सकता है। आप अपनी क्षमता व आत्म-शक्ति को विकसित करें, संवेदनशीलता को उभारें और आत्मचिंतन करें कि आपके शरीर में कुछ असामान्य तो नहीं हो रहा है। अगर कुछ असामान्य की अनुभूति होती हो, तो कुछ दिनों तक घटना की गति व उसके प्रभाव का अध्ययन करें।
- हमारे शरीर में कुछ-न-कुछ हमेशा होता रहता है। कुछ असामान्य गतिविधियाँ या घटनाएँ तात्कालिक होती हैं, जो कुछ समय के बाद अपने-आप ठीक हो जाती हैं। लेकिन कुछ घटनाएँ ऐसी होती हैं, जो हमें परेशान कर सकती हैं। खासकर ऐसी घटनाओं पर फोकस रखें और अपनी संवेदनशीलता का पता लगाएँ।
- तात्कालिक, शरीर में उत्पन्न होने वाली गतिविधियाँ या घटनाएँ ऐसी होती हैं, जो पलभर के लिए व्यक्ति को दहला कर रख देती हैं, लेकिन वे उतनी ही जल्दी ठीक भी हो जाती हैं। उदाहरण के लिए आपको अचानक ऐसा महसूस होता है कि आपके हृदय की गति अत्यंत तेज-तेज चल रही है। लगता है कि हार्ट अटैक होने वाला है। कुछ लोग तो घबराकर सीधे डॉक्टर के पास भागते हैं और ई. सी. जी. आदि टेस्ट कराने के लिए विवश हो जाते हैं। लेकिन चिंता

करने की जरूरत नहीं है। यह हार्ट अटैक का लक्षण बिलकुल नहीं है। यह हमारे शरीर में होने वाली एक सामान्य घटना है, जो कुछ सेकेंड के लिए होकर फिर से शांत हो जाती है।

- कोई भी असामान्य घटना, जिसकी गति लगातार बढ़ती जा रही हो तथा जिसके कारण आप कुछ असहज महसूस कर रहे हों, ऐसी स्थिति में यह चिंता की बात हो जाती है। अतः आपको चुप बैठे रहने की जरूरत नहीं है। किसी योग्य डॉक्टर को दिखाएँ और अपनी समस्या बताएँ। कुछ सामान्य टेस्ट के बाद रोग का निदान किया जा सकता है।
- याद रखिए, रोग की उत्पत्ति के समय में ही उसका उपचार कर लिया जाए, तो व्यक्ति को धन की बर्बादी व तकलीफ से बचाया जा सकता है। साथ ही उसके स्वास्थ्य को भी ज्यादा नुकसान नहीं पहुँचता।
- रोग जटिल होता है, कुछ सामान्य फोड़े बढ़ते-बढ़ते कैंसर में तब्दील हो जाते हें, सामान्य सर्दी-जुकाम बढ़ते-बढ़ते टी. बी. में तब्दील हो जाता है, सामान्य बुखार, टायफाइड और न्यूमोनिया हो सकता है, अनेक प्रकार के ऐसे रोग हो जाते हैं, जो आरंभ में सामान्य होते हैं, लेकिन मनुष्य की लापरवाही के कारण कालक्रम में जटिल होते जाते हैं। इन स्थितियों में इलाज का कोई फायदा नहीं होता केवल धन की बर्बादी होती है और रोगी की पीड़ा बढ़ती जाती है। अतः जब भी कुछ असामान्य शरीर में होते दिखे, तो तुरंत उसका इलाज कराना शुरू कर दें। देर करने पर अथवा लापरवाही से टालते रहने पर आपका ही नुकसान है। आप अपनी सेहत के सजग प्रहरी बनें और अपनी सुरक्षा स्वयं करें।

- जब आपकी खाँसी दो हफ्ते से अधिक हो जाए और लाख उपाय करके भी छूटे नहीं, तो खाँसी का इलाज कराना जरूरी है। आप योग्य डॉक्टर से मिलें और टेस्ट कराएँ।
- एक बात और, आजकल आपके इर्द-गिर्द, गली-गली में अनेक फर्जी डॉक्टरों ने दुकानें खोल ली हैं, जो बिना डिग्री के डॉक्टर बनकर रोगी का इलाज करना शुरू कर देते हैं। जहाँ तक हो सके, ऐसे डॉक्टरों से बचिए और केवल योग्य चिकित्सक के पास ही जाएँ।

  आपको पता नहीं कि ये फर्जी डॉक्टर या क्लीनिक आपके सामान्य रोग को जटिल बना देते हैं। कैंसर आदि रोगों का एक बड़ा कारण ऐसे ही सस्ते डॉक्टर होते हैं, जो रोगों की पहचान किए बगैर एंटी बायोटिक दवाइयों से रोग का इलाज करते हैं। इसका साइड इफैक्ट पड़ता है। रोग ठीक होने के बजाए और जटिल होता जाता है। जब तक आपको इसका पता चलता है, तब तक काफी देर हो चुकी होती है।
- अगर आप सूझ-बूझ व होशियारी के साथ अपने शरीर व सेहत की देखभाल करते रहें, तो अनेक बीमारियों से बचे रह सकते हैं।

स्वास्थ्य व आपका आहार

आहार का मानव के स्वास्थ्य से सीधा संपर्क रहता है। जैसा आप भोजन करोगे, आपका शरीर भी वैसा ही होगा।

हमारे शरीर को स्वस्थ, रोगों से मुक्त रखने के लिए संतुलित आहार की आवश्यकता होती है।

संतुलित आहार का मतलब ऐसे भोजन से है, जिसमें आवश्यक मात्रा में प्रोटीन, विटामिन, वसा, खनिज-लवण, जल व अन्य पौष्टिक तत्त्वों की उपलब्धता रहती है।

लेकिन भोजन कैसा भी हो, उसे वक्त पर ही करना चाहिए। समय पर नाश्ता करना, भोजन करना और समय पर हर काम करना आवश्यक होता है। अगर कोई काम समय पर हो, तो उस काम का लाभ जरूर मिलता है। बहराल, हम यह जानते हैं कि अपने शरीर को स्वस्थ व ऊर्जायुक्त रखने के लिए किस तरह का भोजन ग्रहण करें।

पाठकों की सुविधा के लिए यहाँ एक चार्ट प्रदर्शित कर रहे हैं–

	खाद्य पदार्थों के नाम	**मात्रा**
1.	खिचड़ी	एक कटोरी या 100 ग्राम
2.	चावल	एक कटोरी या 100 ग्राम
3.	खाखड़ा	2 या 30 ग्राम
4.	खस्ता रोटी	½ या 40 ग्राम
5.	पूरी (कम तेल में तली)	2 या 35 ग्राम
6.	परांठा (कम तेल में तला)	½ या 30 ग्राम
7.	रोटी	1 या 35 ग्राम
8.	फुलकी रोटी	2 या 35 ग्राम
9.	भटूरा	1 या 30 ग्राम
10.	पॉपकॉर्न	4 चम्मच या 25 ग्राम
11.	ब्रेड	2 स्लाइस या 40 ग्राम
12.	वेजीटेबल पुलाव	½ कटोरी या 60-70 ग्राम
13.	काजू	6 या 17 ग्राम

14.	किशमिश	3 या 30 ग्राम
15.	खजूर या छुहारा	4-5 या 30 ग्राम
16.	अखरोट	3-4 या 15 ग्राम
17.	पिस्ता	10 या 16 ग्राम
18.	बादाम	5 या 15 ग्राम
19.	मूँगफली	25 या 15 ग्राम
20.	अरहर की दाल	पौने एक कटोरी या 110 ग्राम
21.	उड़द की दाल	½ कटोरी या 80 ग्राम
22.	मूँग की दाल	½ कटोरी या 75 ग्राम
23.	पापड़	1 पीस
24.	भुने हुए चने	½ कटोरी या 30 ग्राम
25.	कच्चे फुलाए चने	½ कटोरी या 30 ग्राम
26.	सांभर	1 कटोरी
27.	दही	लगभग एक कटोरी (छोटी)
28.	गाय का दूध	1 कप
29.	मलाई निकाला दूध	डेढ़ कप
30.	भैंस का दूध	½ कप
31.	पनीर	आवश्यकतानुसार या दो पीस
32.	मिठाई	आवश्यकतानुसार या एक पीस
33.	तेल	1 छोटा चम्मच या 5 ग्राम
34.	मक्खन	1 पीस
35.	घी	1 छोटा चम्मच
36.	वनस्पति घी	1 छोटा चम्मच

37.	मलाई	1 चम्मच
38.	अनार	150 ग्राम
39.	अंगूर	140 ग्राम
40.	अनानास	180 ग्राम
41.	पका आम	एक
42.	केला	एक
43.	खरबूजा	200 से 300 ग्राम
44.	चीकू	एक
45.	जामुन	20 दाने
46.	सीताफल	एक
47.	सेब	एक
48.	संतरा	एक
49.	पपीता	लगभग 200 ग्राम
50.	टमाटर	2–3
51.	तरबूज	200 से 300 ग्राम
52.	बेर	एक
53.	मौसमी	एक
54.	अंडा (उबला हुआ)	एक
55.	आमलेट	अधिक से अधिक दो अंडों का
56.	चिकन	25 ग्राम
57.	चिकन सूप	एक कप
58.	मछली तली हुई	एक पीस
59.	फिश कड़ी	लगभग 200 ग्राम आदि।

इन खाद्य पदार्थों में मांसाहारी व शाकाहारी अपने-अपने तरीके से इनका चुनाव कर सकते हैं। यह पूर्ण संतुलित आहार है।

यहाँ यह बात ध्यान रखने योग्य है कि हर व्यक्ति की क्षमता अलग-अलग होती है। कोई व्यक्ति परिश्रम के हिसाब से भोजन करता है। अतः सामान्य सूत्र यह है कि हर व्यक्ति को अपनी भूख व भोजन को पचाने की क्षमता को ध्यान में रखकर भोजन ग्रहण करना चाहिए। इसके हिसाब से कोई व्यक्ति कम या ज्यादा भोजन ग्रहण कर सकता है।

5

स्वस्थ रहना है तो स्वच्छ आदतों का विकास करें

जी हाँ, अगर आप चाहते हैं कि स्वस्थ रहें, फिट व तंदुरुस्त रहें, तो अपने शरीर का ध्यान रखते हुए हमेशा स्वच्छ आदतों को अपनाएँ, फिर देखिए आपको वैद्य-डॉक्टरों के पास जाने की जरूरत नहीं होगी।

स्वस्थ रहने के लिए अच्छी आदतें क्या होती हैं? जिन आदतों को आप अच्छा कहते हैं, वे आदतें विशेषज्ञों की नजरों में बुरी हो सकती हैं। अच्छी आदतें वे होती हैं, जिनमें आपका शारीरिक व मानसिक विकास हो सके। इस अध्याय में हम ऐसी ही कुछ सामान्य बातों की ओर आपका ध्यान आकृष्ट करने की कोशिश करेंगे।

सर्वप्रथम यह जानिए कि आपकी स्वच्छ आदतें क्या हैं–

- सुबह उठना व टहलना।
- शौच क्रिया, स्नान।
- स्वच्छ कपड़ पहनना।
- समय पर नाश्ता करना।
- अध्ययन, सामाजिक व घरेलू कार्य
- हर कार्य को भली-भाँति करना।
- कम बोलना व अधिक सुनना।

- हमेशा सजग रहना।
- अच्छी बातों को सुनना व जीवन में उसका इस्तेमाल करना।
- आलोचना से दूर रहना।
- तनाव व चिंता से मुक्ति।
- योग, व्यायाम को अपनाना।
- बासी भोजन से दूर रहना।
- नमक का कम सेवन।
- सोच-समझ कर बोलना।
- समय का अधिक-से-अधिक उपयोग।
- सबका सम्मान व सबका कल्याण।
- बड़े-बुजुर्गों का सम्मान।
- स्वच्छ परिवेश की स्थापना।
- दान, धर्म का पालन।
- परिश्रम की आदत डालना।
- आलस्य से बचना।
- अपना काम स्वयं करना।
- समर्पण, धैर्य का पालन।
- रिश्तों की अहमियत, इत्यादि अच्छी आदतें हैं, जिनकी उपेक्षा करके ना तो कभी आप स्वस्थ रह सकते हैं और ना ही आप सुखी रह सकते हैं।

अनेक लोगों को सुबह उठने की आदत नहीं होती। यह इसलिए नहीं होती है कि वे देर रात तक जागते रहते हैं। देर रात तक जागना स्वास्थ्य के लिए अच्छा नहीं होता है। अगर कोई महत्त्वपूर्ण काम हो,

तो उसे समय पर ही निबटा लें। इस तरह से रात में जागते रहने की जरूरत नहीं होगी।

अनेक लड़के रात-रात भर टी. वी. देखते रहते हैं। क्रिकेट का मैच चल रहा हो, तो उसे देखते रहते हैं। नींद आती रहती है, लेकिन वे नींद को मार देते हैं। कुछ लोग तो नींद को मारने के लिए चाय-काफी आदि तक का सेवन करने लग जाते हैं। याद रखें, यह आदत एक दिन आपकी नींद को ही मार देगी। फिर आप अनिद्रा के शिकार हो जाएँगे।

कुछ युवा रात में फुर्सत में इंटरनेट पर कुछ सर्च करते रहते हें। कुछ लोग, खासकर युवा दंपति यू-ट्यूब में पोर्न साइट आदि को तलाश कर अपने मन की प्यास को भड़काते रहते हैं। अनेक अविवाहित युवा व युवतियाँ भी ऐसा करते हैं और अपने बदन में आग लगाते रहते हैं।

कुछ लड़के-लड़कियाँ रात भर चैटिंग करते रहते हैं। ये सब गंदी आदतें होती हैं, जिनका आपके स्वास्थ्य पर बुरा असर पड़ता है। इससे आपके दैनिक रूटीन पर भी फर्क पड़ता है और आपकी क्षमता भी नष्ट होती है, लेकिन इसका अहसास कि आप क्या खोते जा रहे हैं, तब होता है, जब आप कोई नई मुसीबत में नहीं पड़ जाते अथवा एक लंबे अरसे बाद इसका असर होना शुरू हो जाता है।

जो लोग देर रात तक ये सब करते रहेंगे, उनसे सुबह जगने की आप उम्मीद कैसे कर सकते हैं?

सुबह-सवेरे बिस्तर छोड़ना और पार्क में टहलने जाना, कितना अच्छा लगता है। इसकी अनुभूति वे ही लोग कर सकते हैं, जो ऐसा करते हैं, उनका स्वास्थ्य उत्तम रहता है। चेहरे पर ताजगी की चमक रहती है। सुबह की हवा स्वच्छ होती है। सुबह टहलने से शरीर को

एक अच्छी खुराक मिल जाती है। आपका दिन शुभ रहता है। शरीर में फुर्ती बनी रहती है।

जो लोग देर रात को सोते हैं और सुबह में नहीं उठते, वे इस फायदे से वंचित रह जाते हैं। ऐसे लोगों को अपनी आदत में सुधार करने की जरूरत है। कुछ लोग ऐसे तर्क भी दे सकते हैं कि उनके पास वक्त नहीं रहता। अतः रात में ही उन्हें काम निबटाना होता है। वक्त नहीं रहने का एक बहाना होता है। वास्तव में वे अपने अधूरे कार्य को निबटाना ही नहीं चाहते और रात पर उसे टाल देते हैं। अगर उन्होंन अपना फैसला कर लिया कि वे कोई भी अधूरा कार्य छोड़ेंगे नहीं और उसे समय पर पूरा करेंगे, तो रात का बहाना अपने-आप समाप्त हो जाएगा। ऐसे लोगों को यह समझ लेना चाहिए कि वे प्रकृति के विरुद्ध कार्य करके स्वयं पर अत्याचार कर रहे हैं।

कुछ व्यक्ति ऐसे होते हैं, जो दिन-भर सोते रहते हैं या आलस्य से कहीं पड़े रहते हैं। लेकिन जैसे ही शाम होती है, वे घर से बाहर घूमने निकलते हैं और आवारा दोस्तों की संगत में पड़कर पार्टी-वार्टी का प्रोग्राम कर लेते हैं। शराब की बोतल मँगवाई जाती है। सभी लड़के मिलकर एंज्वॉय करते हैं। शराब पीना सेहत के लिए हानिकारक होता है। यह जानते हुए भी वे शराब पीते हैं। क्योंकि उन्हें शराब से होने वाले नशे का सुख ज्यादा अच्छा लगता है। यह गलत संगति का ही असर होता है।

कहा जाता है कि कुछ लड़के पहले फैशन के लिए नशा सेवन करते हैं। इसमें लड़कियाँ भी कम नहीं हैं। बाद में उनकी लत पड़ जाती है, तो वे शराब के बिना रह नहीं सकते। शराब पीने के चक्कर में अनेक लोग दारू के पैसे के इंतजाम में चोरी करने लगते हैं, किसी की कोई कीमती चीज चुरा लेते हैं, किसी की जेब मार लेते हैं, तो

कहीं डाका डालने लग जाते हैं या फिर कुछ लड़के अपने घर में ही चोरी करके नशा सेवन करने लग जाते हैं।

एक शराब न केवल व्यक्ति के स्वास्थ्य को ही चौपट करती है, बल्कि यह लड़कों को चोरी या अपराध के रास्ते पर भी धकेल देती है। इस तरह से उनकी जिंदगी बर्बाद हो जाती है।

आधुनिक जमाने में ऐसा काफी हो रहा है। हमारा समाज प्रदूषित होता जा रहा है। लेकिन कोई किसी को सही रास्ता बताए, तो वह उसे अपना दुश्मन नजर आता है। यही सोचकर कुछ लोग चुप रहने में ही अपनी भलाई समझते हैं।

यह तो शराब की बात हुई, अनेक लड़के-लड़कियाँ घर से स्कूल के लिए निकलते हैं, लेकिन वे स्कूल या कॉलेज न जाकर शहर के सिनेमा हॉल पर पहुँच जाते हैं या शॉपिंग कॉम्पलेक्स या मॉल में मटरगश्ती करते रहते हैं। ऐसा करके वे अपने घरवालों को धोखा नहीं देते, बल्कि वे स्वयं को धोखा देते रहते हैं। इसका अहसास उन्हें तब होता है, जब वक्त हाथ से निकल चुका होता है।

कुछ लोगों की सोच इतनी घटिया होती है कि वे जिंदगी में कभी आगे बढ़ने की बात कर ही नहीं सकते। कई बार निम्न स्तर की सोच भी व्यक्ति के स्वास्थ्य को दुष्प्रभावित करती है।

दुनिया के तमाम चिंतकों, विचारकों व वैज्ञानिकों ने यह साबित कर दिया है कि जिस तरह की सोच आप रखते हैं, आपके शरीर का विकास भी उसी तरह से होता है।

अगर आपका मन स्वस्थ है, तो सोच भी स्वस्थ होगी। शरीर से बीमार व्यक्ति भला स्वस्थ चिंतन कैसे कर सकता है। जो रोगी है, उसकी सोच भी बीमार होती है।

हमारी कई अनेक अस्वच्छ आदतें हैं, जिनसे हमारा स्वास्थ्य प्रभावित होता है। जब तक हम अपनी अस्वच्छ आदतों से मुक्ति पा नहीं लेते, तब तक हमारे शरीर का विकास संभव ही नहीं।

आरंभ में कई लोगों को पता ही नहीं चलता कि छोटी-छोटी बातों का ध्यान रखकर हम स्वयं पर कितना बड़ा उपकार कर रहे हैं। कुछ लोग उन बातों का महत्त्व देना नहीं चाहते, इसका परिणाम यह होता है कि हम वक्त से काफी पीछे चले जाते हैं। फिर एक स्थिति ऐसी भी आती है कि हम स्वयं को ही अपनी नजरों में गिरा लेते हैं।

मैंने अनेक व्यक्तियों को देखा है, जो हमेशा निराशा की बात करते हैं। वे बात-बात में कहते हैं, जब तक किस्मत साथ नहीं देगी, तब तक कुछ भी नहीं हो सकता। कुछ लोग तो ऐसे भी होते हैं, जिन्हें यह तक पता नहीं कि निराशा व उदासी उनके विचारों को किस कदर दुष्प्रभावित कर रही है। ऐसे लोग अपनी जिंदगी में निरंतर गिरते रहते हैं और कभी उठने की कल्पना भी नहीं कर सकते। यह भी एक अस्वच्छ आदत है। एक समझदार व्यक्ति को चाहिए कि ऐसी अस्वच्छ आदतों पर जितनी जल्दी हो सके, नियंत्रण प्राप्त करे, अन्यथा आप हमेशा परेशान रहेंगे।

> स्वस्थ मन स्वस्थ शरीर में ही निवास करता है। शरीर और मन का सही संतुलन रहने पर ही मनुष्य संसार में सुख व शांति से रह सकता है। जब भी शारीरिक संतुलन में किसी प्रकार की त्रुटि आती है, तो एक ही अवस्था दूसरे को भी प्रभावित कर दोषयुक्त कर डालती है।
>
> —महान विचारक अरस्तू

हमारे दैनिक जीवन से जुड़ी कई अस्वच्छ आदतों का प्रभाव एक समय के बाद शुरू होता है। उस समय नाना प्रकार की समस्याएँ

खड़ी हो जाती हैं। मनुष्य चाहकर भी अपनी स्थिति का ठीक से बयां नहीं कर सकता। इसका परिणाम यह होता है कि सब-कुछ खत्म हो जाता है। व्यक्ति खुद को अकेला पाता है। रिश्तेदार-मित्र सब उसका साथ छोड़ जाते हैं।

मैं एक नौजवान की कहानी संक्षेप में आपके समक्ष रख रहा हूँ, जो यह समझने में योगदान दे सकती है कि लड़कों से क्या-क्या गलतियाँ हो जाती हैं, जिन्हें उन्हें पहले से अहसास नहीं होता, लेकिन जब उन्हें पता चलता है, तब तक काफी देर हो चुकी होती है।

एक साधारण परिवार के लड़के ने मुंबई में हीरो बनने के इरादे से 2017 में प्रस्थान किया। घरवाले लखनऊ में रहते थे। पिता एक निजी फर्म में नौकरी करते थे। माँ गृहिणी थी। घर का काम-काज करती थी। इकलौता बेटा था।

लड़के का नाम प्रवीण था। वह पढ़ाई-लिखाई में कम दिलचस्पी लेता था। फिल्में देखने का उसे बड़ा शौक था। स्कूल-कॉलेज के नाटकों में छोटे-छोटे रोल करने के बाद उसे यह खुशफहमी हो गई कि वह फिल्मों के लिए स्ट्रगल करे, तो वह एक दिन हीरो बनकर अपने शहर लखनऊ की शान बढ़ा सकता है। बस, अपने मन में कुछ सपने, कुछ अरमान लेकर वह मुंबई कूच कर गया।

यहाँ यह बताते चलूँ कि वह अकेला मुंबई नहीं गया था। उसके साथ कई अन्य लड़के भी थे। ये सभी वे लड़के थे, जो प्रवीण की तरह खुद को प्रतिभाशाली समझ रहे थे और फिल्मों में कुछ पाने के इरादे से मुंबई गए थे।

प्रवीण तथा उसके चार दोस्त मुंबई पहुँचे और वहाँ लोखंडवाला में रहने वाले एक रिश्तेदार के घर रहने लगे। गनीमत कहिए कि रिश्तेदार का अपना निजी मकान था। वरना किराए के कमरे में कोई भी उन सभी लड़कों को एक जगह नहीं रख सकता था।

प्रवीण तथा उसके साथी दिन में मुंबई की सड़कों की खाक छानते रहते और शाम को घर पर आकर निराशा में डूब जाते। लगभग दो महीने से ऐसा ही हो रहा था। अब तक लड़कों के पास की जमा पूँजी नष्ट हो चुकी थी, लेकिन फिल्मों में कहीं जुगाड़ नहीं लग सका था। एक दिन घोर निराशा में पाँचों लड़कों ने समुद्र में जाने और डूब मरने का फैसला कर लिया। रिश्तेदार ने भी अब हाथ जोड़ लिया था और उनसे कह दिया था कि वे अपना कोई रास्ता बना लें। इससे वे सभी और ज्यादा घबराए थे कि वे जाएँगे तो कहाँ जाएँगे।

लड़कों में तीन लड़के काफी समझदार थे। हालात को अनुकूल नहीं देखा और उन्हें अब तक यह भी समझ में आ चुका था कि फिल्मों में काम पाना आसान नहीं है, अतः वे घर लौट आए। उन्हें यह सद्बुद्धि आ गई कि माता-पिता के साथ रहकर, उनके साथ काम करेंगे और अपनी जिंदगी को एक नई दिशा देंगे। शेष प्रवीण व उसका एक दोस्त श्याम ने मुंबई में रहते हुए फिल्मों के लिए स्ट्रगल जारी रखा।

पहले घरवालों को अपने लड़कों के बारे में कुछ समाचार भी मिल रहे थे, अब तो उन्हें यह भी पता नहीं है कि वे मुंबई में रहते भी हैं या कहीं और चले गए। कोई संपर्क नहीं, कोई समाचार नहीं...।

इस तरह की कई घटनाएँ आपके आस-पास भी मिल सकती हैं। लड़कों की सोच को बदलने के लिए घरवाले प्रयास तो करते हैं, लेकिन लड़कों को लगता है कि घरवाले उनका भला नहीं सोच रहे हैं और वे जो सोच रहे हैं, इससे उनका भला होने वाला नहीं है। यही सोच ही लड़कों को बर्बाद कर रही है। क्योंकि उनकी सोच उसी स्तर की है, जिस स्तर में वे रह रहे हैं। वे अच्छा इसलिए नहीं सोच पाते, क्योंकि उनमें अच्छाई है ही नहीं।

हम सब मनुष्यों की एक अस्वच्छ आदत है, तनाव व चिंता को पालना, जिनके कारण हमारा स्वास्थ्य दुष्प्रभावित होता जा रहा है।

तनाव, चिंता, ईर्ष्या, क्रोध, काम आदि भाव मनुष्य के स्वास्थ्य के शत्रु हैं।

वर्तमान समय में व्यक्ति दिन-भर भाग-दौड़ में लगा रहता है। उसके पास इतनी भी फुर्सत नहीं है कि वह समय पर खाना खा सके। तनाव की उत्पत्ति का आधार अनियमित जीवन-शैली है।

समय पर जब कोई काम और स्वास्थ्य क्रियाएँ संपन्न ना हों, तो शरीर के आंतरिक अंगों की अव्यवस्था प्रकट होने लगती है। इस तरह से तनाव के साथ-साथ अन्य मानवीय दोष उत्पन्न होने लगते हैं।

कुछ लोग तनाव में इस कदर लिप्त हो जाते हैं कि उनकी बुद्धि भी काम नहीं करती। वे तनाव में सनकी, पागल हो जाते हैं और एक दोष के साथ-साथ कई अन्य दोषों के भी शिकार हो जाते हैं।

आधुनिक समय में स्त्री-पुरुष, बच्चे, जवान, सब तनाव में छटपटा रहे हैं। सब व्यथित हैं, सभी दुःखी हैं। तनाव की उत्पत्ति का कारण निराशा व असफलता भी होती है।

तनाव उत्पत्ति के दर्जनों कारण हैं। जैसे मानसिक आघात, जब कभी अपनों से धोखा मिलता है, जब कोई गहरा सदमा लगता है, जब हमें किसी क्षेत्र में असफलता मिलती है, तब भी तनाव व दुःख होता है, जब कभी आशा टूटती है, तब भी तनाव होता है। कहने का तात्पर्य यह है कि भाँति-भाँति के शत्रु हैं, जिनके कारण मनुष्य की अस्वच्छ आदतें उत्पन्न हो रही हैं। इन अस्वच्छ आदतों के कारण मनुष्य का स्वास्थ्य नष्ट होता जा रहा है।

कभी-कभी तनाव हम पर इस कदर हावी हो जाता है कि हमें रातों में नींद नहीं आती। हम रात में भी जागकर अपनी गलतियों पर सोचते रह जाते हैं, लेकिन कोई परिणाम नहीं मिलता।

आपने कुछ लोगों को देखा होगा, जो स्वस्थ रहने का दिखावा करते हैं, लेकिन उनकी हरकतें एक पागल व्यक्ति की होती हैं। ऐसे लोग तनाव के गहन अंधकार में भटकते रहते हैं और अपना सब-कुछ गँवाते रहते हैं।

एक समय पहले जिन नशीली दवाइयों का नाम किसी ने नहीं सुना था, आज वे सभी नशीली दवाइयाँ मार्केट में आ गई हैं और आज के युवा उसकी गिरफ्त में आते जा रहे हैं। इन नशीली दवाइयों के कारण मनुष्य का स्वास्थ्य नष्ट होता जा रहा है। उसकी प्रकृति पर आघात हो रहा है। नशीली दवाइयों के कारण अनिद्रा रोग उत्पन्न होता है। शरीर को भाँति-भाँति के रोग लग जाते हैं। तमाम तरह के विकार उत्पन्न हो रहे हैं, लेकिन यह जानने की फुर्सत नहीं है कि हम दिन-पर-दिन ऐसे क्यों होते जा रहे हैं? क्यों हमारी प्रकृति नष्ट होती जा रही है? क्यों हम अपने शरीर को घुन लगाते जा रहे हैं?

हमें अपनी कमजोरियों व कमियों का भलीभाँति ज्ञान रहता है। हम स्वयं को निरंतर धकेलते जा रहे हैं। कैसे उठें, यह जानते भी हैं, लेकिन उसकी कोई कोशिश नहीं करते। क्योंकि हमें डर रहता है कि क्या हम इसमें सफल भी हो सकेंगे? यह उधेड़बुन-असमंजस ही तमाम तरह के दोषों को हम पर थोपता जा रहा है।

मनुष्य का मन साफ नहीं है। उसकी आत्मा कलुषित हो गई है। वह पाप कर्मों में लिप्त रहता है और हमेशा यही सब उसके दिमाग में चलता रहता है। एक बार की बात है। मैं ट्रेन से दिल्ली से छपरा आ रहा था। स्लीपर बोगी में मेरी बर्थ के आगे दो सीट छोड़कर साइड अपर में एक महिला नींद में सो रही थीं उस समय मैं चाय पी रहा था। सुबह के चार बजे थे। अभी यात्री जगे भी नहीं थे। कुछ जगे थे तो अलसाए से अपनी सीट पर ही पड़े थे। मैंने कुछ आहट

भाँपकर सिर उठाकर देखा, दो लड़के, जिनमें एक अधेड़ व्यक्ति था, महिला की बर्थ के एक किनारे बैठकर महिला के चेहरे को गौर से निहार रहा था। दूसरा लड़का महिला के पैर के काफी करीब बैठा था तथा उसकी गोरी पिंडलियों की ओर झुका-सा प्रतीत हो रहा था।

मुझे भाँपते देर नहीं लगी कि इन लोगों के इरादे नेक नहीं हैं। वे महिला के रिश्तेदार नहीं हो सकते। अकेली, जवान, खूबसूरत महिला को इस तरह नींद में बेखबर सोते देखकर उन व्यक्तियों के मन में पाप की आँधी चल रही थी।

इस तरह के विकार व पाप के लक्षण उभर रहे हैं। मनुष्य की मानसिकता दिनो-दिन गिरती जा रही है। तमाम तरह की अशुद्धियों व खान-पान की राक्षसी प्रवृत्ति ने मनुष्य को बीमार बनाया है। यही कारण है कि एक व्यक्ति जब किसी सुंदर महिला से बात करता है, तो उसकी बातचीत में उसकी हवस भी उजार हो जाती है।

आपने साधु-महात्माओं के अनेक किस्से सुने होंगे। कहा जाता है कि साधु-महात्मा पुण्यात्मा होते हैं। वे हमेशा स्वच्छ आचरण करते हैं, क्योंकि उनका खान-पान स्वच्छ होता है। हम सब यही जानते हैं। लेकिन हमारा यह भ्रम है। हम भ्रम के शिकार हैं। सच्चाई इसके विपरीत है, वरना क्या कारण है कि एक तांत्रिक, एक साधु अकेली महिला को वशीभूत कर लेता है और उसके साथ पाप कर्म करने लग जाता है। तांत्रिक तो प्रायः बदनाम ही रहते हैं।

काम वासना मनुष्य का विकार ही नहीं, उसकी दोषपूर्ण जीवन-शैली का एक अंग बन गया है। पाप की इस दलदल में मनुष्य दिनो-दिन धँसता जा रहा है। मनुष्य की इन गंदी आदतों के कारण उसका स्वाभाविक विकास रुक गया है।

आज लोगों का स्वयं पर से भरोसा उठता जा रहा है। जब ऐसे हालात उत्पन्न हों, वहाँ मनुष्य के स्वस्थ रहने की बात सोची ही नहीं जा सकती।

एक स्वच्छ मनुष्य से आशा की जाती है कि वह–

- अपना हृदय विशाल रखें और सर्व कल्याण की बात सोचें।
- आत्म-चिंतन करें और अपनी कमियों का पता लगाएँ।
- शुद्ध मन व सुंदर चरित्र का उदाहरण प्रस्तुत करें।
- सोच-विचार कर विकास की धारा में खुद को लीन कर दे।
- बड़े-बुजुर्गों का सम्मान करें और छोटों से स्नेह रखें।
- परिवार में एकजुटता का प्रयास करें।
- सब पर समान दृष्टि, पड़ोसियों से प्यार, सहयोग।
- शांतचित्त, पवित्रता का अहसास व सामुदायिक विकास की बात करें।
- निस्वार्थ सेवा, जरूरतमंदों का सहयोग, सद्भाव कायम करें।
- अपनी सद्बुद्धि, स्वविवेक व देशभक्ति का परिचय दें।
- समाज के विकास में अपनी भूमिका का निर्वाह करे।
- अपनी जिम्मेदारियों की अनुभूति प्रगाढ़ करें और अपना कार्य भली-भाँति संपन्न करें।
- अपनी इंद्रियों पर नियंत्रण व दूसरों को सही राह दिखाना, जैसे अनेक लक्षणों व कर्मों का परिचय देना उसके स्वभाव में शुमार हो जाता है।

प्रोफेसर गेट्स ने कुछ ऐसे प्रयोग किए हैं, जिनसे पता चलता है कि हमारे शरीर में दूषित भावनाएँ संक्रामक तत्त्वों को जन्म देती हैं। इनसे रक्त संचालन की समस्त प्रक्रिया दोषपूर्ण हो जाती है।

कुत्सित विचारों के इस जहरीले असर की सारी गतिविधि शरीर के उन तत्त्वों पर भी सक्रिय होती है, जो शरीर को स्वस्थ व पुष्ट बनाने में सहायता करती है।

अब तक के तमाम अध्ययनों से यह साबित हो चुका है कि जब भी शरीर में कोई बुरा विचार उठता है, तो शरीर के रासायनिक यौगिकों में आकस्मिक परिर्वतन होने लेगते हैं। इससे साबित होता है कि अच्छे विचार हमारे शरीर को स्वस्थ तथा बुरे विचार उसे निर्बल, क्षीण और कमजोर बनाकर रोगी बना डालते हैं।

अगर स्वस्थ रहना है, तो स्वच्छ विचारों को अपनाएँ। स्वच्छ आदतों को अपनाएँ। अपने अंदर के दोषपूर्ण विचारों की हत्या कर दें। अपने पाप विचारों को नष्ट कर दें।

मनुष्य अगर चाहे, तो बहुत कुछ कर सकता है। वह अपने स्वास्थ्य व विचारों का निर्माता है। सब-कुछ उसके हाथ में है?

हमारी दोषपूर्ण आदतों व विकारों के कारण हम जाने-अनजाने कई रोगों के शिकार होते जा रहे हैं।

चिकित्सा के क्षेत्र में वर्षों की खोज करने के उपरांत डॉक्टरों की निम्न राय है–

- ईर्ष्यालू, स्वार्थी व लोभी व्यक्ति आमतौर पर जिगर, तिल्ली व आमाशय रोगों से पीड़ित रहते हैं।
- स्तन व मूत्र नलिका के रोग प्रायः उद्वेग, तनाव व चिंता के कारण शरीर में उत्पन्न होते हैं। महिलाएँ ज्यादा संक्रमित रहती हैं।
- क्रोध करने से पीलिया रोग होता है।
- मानसिक चिंताओं के कारण रक्त तथा त्वचा संबंधी रोग होते हैं।

- गहरे मानसिक आघात के कारण मनुष्य लकवा जैसे घातक रोगों का शिकार हो सकता है।

अनेक मस्तिष्क रोग विशेषज्ञों का मानना है कि अनेक रोग मन की अस्वस्थता के कारण ही शरीर में उत्पन्न होते हैं। रोगी का मन ही शरीर को रोगी बना देता है। अतः अगर आप स्वस्थ रहना चाहते हैं, तो अब तक की तमाम अस्वच्छ आदतों को तिलांजलि दें। अपने मन को स्वच्छ व पवित्र रखें। जहाँ तक हो सके, स्वच्छ आदतों का विकास करते रहें।

6

मुस्कराना ही जिंदगी का नाम है

जी हाँ, मुस्कराना ही जिंदगी का नाम है। एक सजीव व्यक्ति या वस्तु के ही चेहरे पर मुस्कान रह सकती है। मुस्कान से व्यक्ति या वस्तु में जीवन का पता चलता है। मुस्कान से पता चलता है कि व्यक्ति में कितनी जान छिपी है। जहाँ मुस्कान नहीं होती, वहीं शून्यता होती है। एक मुर्दा व्यक्ति या जिस्म में मुस्कान नहीं हो सकती। क्योंकि वह मृत है। मृत व्यक्तियों या वस्तुओं से आप किसी तरह की सकारात्मक प्रयास की उम्मीद नहीं कर सकते हैं, क्योंकि उसमें जान ही नहीं है।

अरस्तू की सलाह

दुनिया के महान् दार्शनिक व विचारक में से एक थे अरस्तू। अरस्तू से सलाह लेने के लिए दूर-दूर से लोग आते थे। एक दिन एक नौजवान इटली के किसी नगर से चलकर अरस्तू के पास पहुँचा और बोला, "श्रीमान जी, मैं मरना चाहता हूँ। क्या आप मरने का आसान उपाय बताएँगे?"

अरस्तू ने उस युवक को सिर से पाँव तक घूर कर देखा। वह काफी परेशान व हताश नजर आ रहा था।

अरस्तू मुस्कराए, फिर अपने दार्शनिक अंदाज में उत्तर दिया। कहा, "मरना बहुत आसान है। तुम किसी मादक द्रव्य के गुलाम बन जाओ। तुम जल्दी व आसान मौत मर जाओगे।"

युवक नाराज हुआ। क्योंकि वह अरस्तू के पास इसलिए नहीं आया था कि वह उसे मरने की सलाह दे। वह तो उनके पास इस विचार से आया था कि उसे मरने से बचा लेंगे और युवक को सही रास्ता दिखाएँगे।

लेकिन अरस्तू ने ऐसा नहीं किया।

युवक ने निराशा के स्वर में उत्तर दिया, "क्या आप सच कह रहे हैं कि मैं इस तरह से आसान मौत मर जाऊँगा?"

"हाँ, बिलकुल सच बात है।"

"लेकिन मैंने आपसे इस तरह के जवाब की उम्मीद नहीं की थी।"

"तुम मेरे पास प्रश्न लेकर आए थे, उसका उत्तर मैंने बताया। रही बात कि तुम जिंदगी चाहते हो, तो यह काम तुम स्वयं कर सकते हो। जिंदगी बनाना-बिगाड़ना तुम्हारे अपने हाथों में है। फैसला तुम्हें करना है। हम जैसे संत प्रकृति को बदल नहीं सकते।"

और नौजवान को अरस्तू के अंतिम वाक्य में सही रास्ता मिल गया उसने जिंदगी को गले लगाने का फैसला कर लिया और मौत की बात हमेशा के लिए भुला दी।

मनुष्य का जन्म इसलिए हुआ है कि वह प्रसन्न रहे। प्रफूल्लित रहे। आनंद के साथ रहे। अपनी जिम्मेवारियों का पालन करे।

मनुष्य का जन्म इसलिए हुआ है कि वह प्रसन्न रहकर दूसरों की सेवा कर सके। मनुष्य का जन्म इसलिए हुआ है कि वह प्रसन्न रहकर दूसरों की सेवा कर सके। मनुष्य का जन्म इसलिए हुआ है कि वह अपनी मुस्कान से दूसरों में जिंदगी का उत्साह पैदा करता रहे।

जब मनुष्य दु:खी होता है, तो दूसरे लोग भी दु:खी हो जाते हैं। जब व्यक्ति अपने गम व पीड़ा का प्रदर्शन करता है, तो दूसरे प्रसन्न नहीं होंगे। वे भी दु:खी व पीड़ित होंगे। अतः दूसरों को प्रसन्न करने के लिए खुद में प्रसन्नता लाना आवश्यक है।

विश्वप्रसिद्ध विचारक इनर्सन ने कहा है–प्रसन्नता से खिला बुद्धिमत्तापूर्ण मुखड़ा सभ्यता व संस्कृति की चरम सीमा है। यह श्रेष्ठता का शिखर है।"

मैं एक सहज सवाल करता हूँ कि क्या कारण है कि लड़कियाँ जल्द ही किसी को प्रभावित कर लेती हैं?

इसका कारण भी मुस्कान है। क्योंकि आमतौर पर लड़कियों के चेहरे पर मुस्कान रहती है। इसी मुस्कान से दूसरों को प्रेरणा मिलती है और काम करने का उत्साह।

इसके विपरीत कुछ ज्ञानी, पंडित लोग हमेशा धीर-गंभीर की प्रतिमूर्ति बने रहते हैं। जब एक हँसता-खिलखिलाता व्यक्ति उनके संपर्क में जाता है, तो वह भी कुछ पल के लिए अपनी मुस्कान भूल जाता है।

ज्ञानी, पंडित लोगों की दुनिया सीमित होती है। क्योंकि वे हर समय धीरता व गंभीरता के आवरण में कैद रहते हैं, जो अनेक लोगों को रास नहीं आ सकता। इसके विपरीत मुस्कान में उदारता व व्यापकता होती है, जो बहुमत के साथ अपना प्रभाव जमाता है।

कौन नहीं है इस दुनिया में दुःखी। हर व्यक्ति घर-परिवार या ऑफिस के तनाव में उलझा रहता है। इस तनाव के कारण हमारी कई गतिविधियों पर असर पड़ता है। स्वास्थ्य पर असर पड़ता है। विचारों की दुनिया में झंझावात का सामना करना पड़ता है।

लेकिन जो लोग तनाव के बीच भी हँसने व मुस्कराने का वक्त निकाल लेते हैं, वे अपनी जिंदगी को दुरुस्त कर लेते हैं। अपनी जिंदगी को व्यवस्थित कर लेते हैं। इससे न केवल उनकी जिंदगी सुधरती है, बल्कि इसका असर दूसरों की जिंदगी पर भी पड़ता है।

कालाईल ने कहा है—कुछ लोग संकट आने पर और भी मजबूत हो जाते हैं। कुछ लोग संकट के समय भी मुस्कराते रहते हैं और इस तरह से वे संकट को सहज रूप में लेते हुए अपने अंदर की आत्मशक्ति को मजबूत कर लेते हैं। लेकिन कुछ लोग ऐसे भी होते हैं, जो संकट के समय किंकर्त्तव्यविमूढ़ की स्थिति में बने रहते हैं। उनके अंदर अज्ञात भय, खतरे के विचार, भाग्य व दुःख की भावनाएँ प्रबल हो जाती हैं। ऐसे लोग जिंदगी को सहज रूप में नहीं लेते और जिंदगी से भी पलायन कर जाते हैं।

हमारी प्रेरणा ऐसी होनी चाहिए, जो दूसरों को जीना सिखाए, उन्हें नवीन उत्साह के साथ जीवन पथ पर अग्रसर होना सिखाए, ना कि दुःख, विषाद, चिंता, भय का असर दूसरों पर डाल सके।

जो लोग यह कहते हैं कि हमारा जीवन ही कष्ट पाने और दुःख झेलने के लिए है, ऐसे लोगों से दूरी बनाकर रहना ही अच्छा है।

भाग्य व भाग्यवादी बातें भी मनुष्य की जिंदगी पर विपरीत असर डालती हैं और मनुष्य को भटकाती रहती हैं। भाग्य की बात करने वाला व्यक्ति दूसरों को जिंदगी नहीं दे सकता। वह तो दुःख, पीड़ा ही देता है।

आपके कई ऐसे रिश्तेदार होंगे, जो हमेशा दु:खी बातें करते हैं। वे दूसरों की खुशहाल जिंदगी को जाने-अनजाने नष्ट करते रहते हैं। ऐसे रिश्तेदारों से बचकर रहना ही अपनी जिंदगी को खुशगवार बनाना होता है।

एक नव दंपति शादी के बाद शिमला में हनीमून मनाने के लिए गया था। क्योंकि नई-नई शादी हुई थी, अत: वे हमेशा प्रसन्नता के आवरण में बातें करते रहते थे। एक-दूसरे को देखकर प्रसन्न रहते थे। वे सपनों की दुनिया में हमेशा खोए रहते थे।

एक दिन दंपति शिमला की वादियों से घूम-फिर कर वापस होटल में आए और नाश्ता करने लगे। उसी बीच पत्नी के मायके से फोन आ गया। पत्नी ने रिसीव किया और उदास हो गई।

पति ने पूछा, "क्या बात है? तुम उदास क्यों हो?"

"मम्मी का फोन था। हार्ट अटैक हुआ है पापा को।"

"ओह, यह तो दु:खद बात है। हमें वहाँ जाना चाहिए। तुम चलने की तैयारी करो। मैं मैनेजर से बात करके आता हूँ।"

कहकर पति कमरे से बाहर चला गया।

पति-पत्नी की जो उमंग थी, उत्साह था, हनीमून का जैसा जोश था, पलक झपकते के साथ ही उतर गया था। इसका कारण था, वह दु:खी खबर, जो पत्नी को फोन पर दी गई थी। एक मनहूस खबर ने उनकी सारी मुस्कान छीन ली थी। एक मनहूस खबर से ही उनका सारा उत्साह, जोश ठंडा पड़ गया था।

हालाँकि घर-परिवार में एक-दूसरे के सुख-दु:ख की चिंता करना अच्छी बात है, लेकिन कभी-कभी दु:ख की एक खबर व्यक्ति को काफी विचलित कर देती है। इससे व्यक्ति अपनी स्वाभाविक मुस्कान भूल जाता है।

किसी ने सच कहा है कि अगर आप उदास हैं, तो आपकी जिंदगी भी उदासी से भरी होगी। उदासी में जिंदगी बोझ व भारी वस्तु बन जाती है। क्योंकि उत्साह नहीं रहता है, इसलिए सारी व्यवस्था ही गड़बड़ा जाती है। जब तक आपके चेहरे पर मुस्कान लौटकर नहीं आ जाती, आपके बगिया में फूल नहीं खिलेंगे।

एक विद्वान् व्यक्ति ने कहा है, 'जरा मुस्कराकर किसी से बात करिए। आपका काम हो जाएगा।'

इस कथन के पीछे कई राज छिपे हैं। यह अंदाज ही स्वयं के साथ-साथ दूसरों को खुशियों से भर देता है। मुस्कराने से मन का गुस्सा शांत हो जाता है। दिमाग तनाव रहित हो जाता है। ऐसे में व्यक्ति इसका सही उत्तर देता है। व्यक्ति की खुशी में ही उसकी सफलता निहित रहती है। खुशी आगे-आगे, सफलता पीछे-पीछे।

अतः जहाँ तक हो सके, जैसे भी हालात रहें, आप प्रसन्नता के साथ जीना सीख लें। आपका काम बहुत आसान हो जाएगा।

जिन लोगों को बात-बात पर रोने की आदत होती है, ऐसे व्यक्ति का सामना करते हुए लोग डरते हैं। निराशा व तनाव के बीच मुस्कान के दो पल जीना चाहते हैं, लेकिन कोई तीसरा आकर उनकी मुस्कान को आग लगा दे, यह अच्छी बात नहीं होती।

बहुत पहले एक फ़िल्म आई थी–रामावतार! यह फिल्म राजेश खन्ना के संघर्षों व उसकी तरक्की का चित्रण करती है। किरदार को राजेश खन्ना ने बखूबी जिया था। लाख गम आए, परिवार में उलट-फेर हुआ, लेकिन किरदार अपने कर्त्तव्य से विमुख नहीं होता। वह हमेशा मुस्कराता रहता है और अपने गमों का पहाड़ सीने में दबाए रहता है। वह किसी को इसलिए दुःखी नहीं करता, क्योंकि वह यह समझता है कि दुनिया में सब दुःखी हैं। अपना दुःख उजागर करके वह दूसरों को दुःखी करना नहीं चाहता।

हर व्यक्ति के हृदय में आनंद का खजाना छिपा है। व्यक्ति अपनी ही समस्याओं में इतना घिर गया है कि वह यहाँ तक पहुँचने की कोशिश ही नहीं कर रहा है। सागर में मोती बेपनाह भरे पड़े हैं, लेकिन यह मोती सबको नहीं मिलता। क्योंकि लोगों को मोती चुनने की जरूरत ही नहीं है। लोगों को सागर देखने और सागर के जल से क्रीड़ा करने में ही सुख मिलता है। लेकिन कुछ लोग बनावटी दुनिया से ऊबकर सच्ची खुशियाँ प्राप्त करना चाहते हैं, ऐसे लोग ही सागर में उतरकर मोती चुनते हैं और मोती को हासिल भी कर लेते हैं।

इसी तरह से हमारे हृदय में आनंद का खजाना छिपा है। इसको वही लोग प्राप्त कर सकते हैं, जो इसे पाना चाहते हैं। एक बार आपने आनंद की दौलत हासिल कर ली, समझो प्रसन्नता को अपने नाम कर लिया। फिर तो आप मुस्कराने की कला सीख जाएँगे।

कुछ लोगों को लगता है कि वे कभी सफल नहीं हो सके। इसी दुःख व चिंता में डूबे रहते हैं। कुछ व्यक्ति ऐसे होते हैं, जिन्हें लगता है कि वे मनहूसियत में घिर गए हैं। कुछ लोगों को लगता है कि अब उनकी जिंदगी बेकार हो गई है। इसी दुःख व निराशा तथा गम के बोझ तले उनकी जिंदगी की गाड़ी घिसट-घिसट कर चलती रहती है। ऐसे दुःखी व स्वयं को मनहूस मान बैठे लोगों को मेरी सलाह है कि आप बस, मुस्कराने की कला सीख लें। आप देखेंगे कि आपके भीतर कोई समस्या ही नहीं है। सब-कुछ पटरी पर आ गया है। सब सामान्य हो गया है।

मुस्कराना जिंदगी का दूसरा नाम है। मुस्कराने से जिंदगी की चुनौतियाँ आसान होती जाती हैं। मुस्कराने से दुःख कम होता जाता है।

अनेक कवियों-शायरों ने मुस्कान पर बड़े-बड़े ग्रंथों की रचना की है और मुस्कान से सफलता प्राप्त करने के कई राज खोले हैं।

बड़े-बड़े राजा-महाराजाओं ने लड़की की एक मुस्कान पर अपना राज-पाट न्यौछावर कर दिया था। हिंदुस्तान का अंतिम हिंदू शासक पृथ्वीराज चौहान ने स्वयंवर से कन्नौज नरेश जयचंद की पुत्री संयोगिता का अपहरण कर लिया था, क्योंकि संयोगिता की मुस्कान ने उनका दिल जीत लिया था। इस तरह की अनेक गाथाओं से हिंदुस्तान के ग्रंथ भरे पड़े हैं।

मुस्कान में ऐसी ताकत है, जो पौरुष को भी पंगु बना दे और दूसरी ओर, पौरुष को शक्तिशाली भी बना दे। जिसने मुस्कराना सीख लिया, समझो, उसने संसार की समस्त खुशियों को प्राप्त कर लिया है।

मुस्कान को एक अलग अर्थ में समझने की कोशिश करते हैं। लेकिन आगे बढ़ने से पहले बता दूँ कि मुस्कान का दूसरा अर्थ खुशी भी है। यह व्यापकता के कलेवर में छिपा एक शब्द है, जिसका बहु अर्थ व बहुसुख भी है।

हमारे देश में लोगों की धारणा है कि अगर आपका बेटा या बेटी रास्ते से भटक गए हैं, तो उन्हें रास्ते पर लाने के लिए उनकी शादी कर दो। कई बार ऐसा लगता है कि लोगों की यह सोच दकियानूसी हो सकती है, पर ऐसा नहीं है। क्योंकि यह भी देखा गया है कि अनेक लड़के शादी के बाद सुधर जाते हैं। लड़कियाँ शादी के बाद घर-परिवार की जिम्मेवारी में उलझ जाती हैं। फालतू बातों के लिए उनके पास वक्त ही नहीं होता।

यह सुधरने का कारण क्या है?

यह कारण है 'मुस्कान', जो लड़के को लड़की के रूप में मिलती है और लड़की को लड़के के रूप में। एक-दूसरे को पाकर मुस्कान अपनी रंगत जमाती है और खुशियाँ बरसाती है। यही कारण

है कि कई बार बिगड़े लड़के-लड़कियों की शादी कर देने से वे राह पर आ जाते हैं और तरक्की भी करते हैं।

वाशिंगटन इरविंग के बारे में बहुत कम लोग जानते हैं। वे महान् चिंतक हुआ करते थे। दुनिया के मशहूर चिंतकों में से एक वाशिंगटन इरविंग ने लिखा है–मुझे कई बार आदर्श घरों में यह देखने को मिला कि महिलाएँ किस चतुराई से दुर्भाग्यपूर्ण स्थितियों को भी आनंद में बदल देती हैं। वे इसके पीछे मुस्कान को सफलता का कारण बताना चाहते हैं, जो परिवार को संकटों से बचा लेता है और परिवार में नई जान फूँकता है।

जीवन में कई बार ऐसे मौके आते हैं, जब मनुष्य का सारा जोश व उत्साह ठंडा पड़ जाता है। कई बार मनुष्य अपने आंतरिक दुःख के बोझ तले दब जाता है कि उसे उठकर अपने पैरों पर खड़ा होने का साहस नहीं होता। ऐसी स्थितियों में एक नारी की मुसकान से प्रेरणा लेने की जरूरत है, जो आपके हृदय में नए उत्साह व जोश को भर सकती है।

आमतौर पर हम नारी की कल्पना एक कोमल हृदय व कोमल भावनाओं से जोड़कर देखते हैं। हम नारी को कोमल, खूबसूरत मानकर उससे प्रेरणा ले सकते हैं। यह हमें आकर्षित करने के लिए काफी है। इसके बाद नारी की भूमिका बढ़ जाती है। अगर नारी जहीन है, बुद्धिमान है, तेज-तर्रार व चतुर है, तो यकीन मानिए, आपके परिवार का दुःख व बोझिल वातावरण कम होता जाता है।

हर परिवार में लड़ाई-झगड़े होते हैं। लेकिन इसके बावजूद कुछ परिवार एकजुट रहते हैं। कुछ परिवार बिखर जाते हैं। जहाँ महिलाओं ने मुस्करा कर स्थिति को संभाल लिया, वहाँ सब-कुछ ठीक हो जाता है, लेकिन जहाँ स्त्रियों ने गंभीरता ओढ़ ली, वहाँ सब बिखर जाता है।

प्रकृति से नित हँसना सीखे

आपने वह कविता तो पढ़ी-सुनी ही होगी, 'फूलों से नित हँसना सीखो...।'

आप सुबह-सवेरे टहलने के क्रम में किसी बगीचे या पार्क में चले जाएँ, फूलों की क्यारियों को गौर से देखें, मंद-मंद समीर में झूमते फूलों की झाड़ियों को देखें, गुलाब, चमेली के फूलों को देखें, कितनी खुशी मिलती है। आप किसी खेत-बागान में चले जाएँ, वहाँ पौधों को झूमते देखें, आपकी तबीयत मस्त हो जाती है। इसी तरह आप किसी पहाड़ी के मस्तक पर चढ़कर नीचे वादियों में झाँक कर देखें, आपका हृदय झूमने लगता है। वादियों में दूर-दूर तक फैली हरी घास व पेड़ों को देखें, अपना तनाव भूल जाएँगे।

कहने का तात्पर्य यह है कि प्रकृति के आँगन में घूमने और पौधों-वृक्षों को देखने का आनंद मन को आनंदित करने के अब तक के तमाम साधनों से बढ़कर होता है। जो लोग प्रकृति से मुस्कराने की कला सीखना चाहते हैं, उन्हें इस अवसर को हाथ से जाने देना नहीं चाहिए।

मुस्कराना एक कला है। इस कला को जितना अधिक आत्मसात कर सकें, आपके स्वास्थ्य व सुख के लिए उतना ही अच्छा है।

कुछ लोग अपने लिए मुस्कराते हैं। कुछ लोग दूसरों के लिए मुस्कराते हैं। कुछ व्यक्तियों का स्वभाव होता है, वह सदा मुस्कराते रहते हैं। हमारी मुस्कान ऐसी ही होनी चाहिए। हम सदा मुस्कराते रहें। अपने लिए नहीं, दूसरों के जीवन में खुशियाँ लाने के उपाय करें। इससे आपको जो संतोष होगा, जो खुशी होगी, उसका वर्णन नहीं कर सकते। लेकिन जो लोग केवल अपने लिए जीते हैं, ऐसी मुस्कान व खुशी का लाभ आपको नहीं मिल सकता। आपका जीवन बेकार है।

इस दुनिया में बड़े-बड़े महान् व्यक्ति हुए हैं। बड़े-बड़े वैज्ञानिक, चिकित्सक, मनोशास्त्री हुए हैं। सबने एक सत्य को स्वीकार किया है कि हँसना-मुस्कराना जीवन की एक कला है। जो इस कला के ज्ञाता होते हैं, वे सौ साल तक जीते हैं। लेकिन जिन्होंने इस कला को नहीं सीखा, वे लंबी उम्र नहीं जीते।

कुछ लोग रोते बच्चे को चुप करा देते हैं। कुछ लोगों का चेहरा देखकर एक शांत बच्चा भी रोने लग जाता है। बच्चा भगवान् होता है। उसे कोई नहीं सिखाता। लेकिन बच्चे ने जान लिया कि आप किस प्रकृति के हैं। अगर एक रोता बच्चा आपकी गोदी में आकर शांत हो जाता है, तो स्वयं को भाग्यवान् समझिए। इसका यह भी अर्थ होता है कि आप मुस्कराने की कला के ज्ञाता हैं। लेकिन जब एक शांत बच्चा आपकी गोदी में आकर रोने लग जाता है, तो इससे यह समझने में कोई गलती मत करिए कि आपने अब तक मुस्कराने की कला नहीं सीखी। देर आए, दुरुस्त आए। यह कला सीख लें। सीखना शुरू कर दें। आपका जीवन सफल हो जाएगा।

हमारे जीवन में सदा एक-सी स्थिति नहीं रहती। कभी खुशी, कभी गम का नाता लगा रहता है। सुख-दुःख जीवन के अंग हैं। आप हमेशा सुख में नहीं रह सकते। आप हमेशा दुःख में डूबे नहीं रह सकते। लेकिन कुछ लोग ऐसे होते हैं, जो दुःख में भी मुस्कराते रहते हैं। कुछ लोगों के लिए मुस्कराना एक स्वभाव बन जाता है। जो लोग हर काल व स्थिति में मुस्कराते रहते हैं, वे दुःखों को हलका कर लेते हैं। दुःख को हलका करना, आपके अपने हाथ में है। इसके लिए आपको स्वयं पहल करनी होगी। आपका कार्य दूसरा कोई नहीं कर सकता।

बड़े-बड़े अस्पतालों में मरीजों की सेवा में सुंदर-सुंदर नर्सों को रखा जाता है। आजकल तो सामान्य सभी छोटे-बड़े अस्पतालों में यह सुविधा उपलब्ध है। सुंदर, जवान नर्सों को रखने का क्या कारण है?

इसका जवाब है, वे मरीज को मुस्कराने की कला सिखाती हैं। नर्सों की मुस्कान देखकर रोगी भी मुस्कराने की कोशिश करता है। इससे उसका आधा रोग स्वतः ठीक हो जाता है।

आप हर समय चेहरा लटकाए रखें, यह बात अच्छी नहीं है। अपने चेहरे पर खुशियाँ लाकर देखिए, किस तरह से आपकी समस्या हलकी हो जाती है। बड़ी-से-बड़ी समस्या का समाधान आप अपनी मुस्कान की ताकत के सहारे कर सकते हैं।

एक राजा था। राजा का इकलौता राजकुमार। राजा-रानी राजकुमार से काफी प्यार करते थे। लेकिन नन्हा राजकुमार उदास रहता था। राजा से राजकुमार की उदासी देखी नहीं जा रही थी।

राजकुमार के जीवन में प्रसन्नता लाने के लिए राजा-रानी सब तरह के यत्न कर चुके, लेकिन वे राजकुमार के चेहरे पर मुस्कान नहीं ला सके। इससे वे दुःखी व चिंतित रहने लगे।

राजकुमार के गिर्द भाँति-भाँति के खिलौने का ढेर लगा था। एक से बढ़कर एक खिलौने, लेकिन राजकुमार को वे खिलौने भी खुशियाँ नहीं दे सके। इसके बाद राजा ने राजवैद्यों को बुलाया, लेकिन वे भी बालक के चेहरे पर प्रसन्नता न ला सके।

इससे राजा और परेशान हो गया। फिर राजा ने राज्य में डंका पिटवा दिया, जो कोई व्यक्ति राजकुमार के चेहरे पर खुशियाँ ला सकेगा, उसे मुँह-माँगा इनाम दिया जाएगा।

मुनादी करवाने के ठीक एक हफ्ते के भीतर एक जादूगर राज-दरबार में आया और राजा से बोला, "मैं राजकुमार को प्रसन्न कर सकता हूँ।"

राजा की खुशी की सीमा नहीं रही।

राजा ने कहा, "अगर तुम ऐसा कर सकते हो, तो करो। मैं तुम्हें इतनी दौलत दूँगा कि सात पीढ़ियों तक बैठकर खाओगे।"

"राजा साहब" जादूगर बोला, मैं राजकुमार को मुस्कान दे सकूँ, मेरे लिए यही बहुत कुछ है। मुझे दौलत का कोई लालच नहीं है। मगर मेरी एक शर्त है।"

"तुम्हारी क्या शर्त है?" राजा ने उतावलेपन से उत्तर दिया।

"मैं तुम्हारी हर शर्त स्वीकार करता हूँ, लेकिन किसी तरह से तुम मेरे बेटे को ठीक कर दो। उसके चेहरे पर हँसी-खुशी देखना चाहता हूँ।"

इसके बाद जादूगर बालक के कमरे में चला गया। उसने राजकुमार से कुछ बात की। उसके चेहरे को देखा, उसकी रुचि व उत्साह को ढूँढ़ने की कोशिश की। फिर वह अपना काम करने लगा।

जादूगर ने एक सफेद कागज पर किसी सफेद वस्तु से कुछ लिखा। एक मोमबत्ती देते हुए जादूगर ने राजकुमार से कहा कि वह इसे जलाकर कागज के नीचे रखकर कागज पर अंकित अक्षरों को पढ़े कि उसने क्या लिखा है।

इसके बाद जादूगर कक्ष से बाहर निकल गया।

नन्हे राजकुमार ने जादूगर के बताए अनुसार अपना कार्य किया। इसके बाद वह अक्षरों को पढ़ने लगा–"रोजाना किसी एक व्यक्ति पर दया करो।"

राजकुमार के दिमाग में यह बात समा गई। उसने ऐसा ही करना शुरू कर दिया।

कुछ दिनों के बाद वह नन्हा राजकुमार पूरे राज्य में इकलौता हँसमुख बालक बन गया।

राजा की खुशी का ठिकाना न रहा। एक बालक के मुस्कराने से पूरा राज्य मुस्कराने लगा। राजा-रानी खुश रहने लगे। राज्य की प्रजा भी खुश थी।

अब्राहम लिंकन व हास्यप्रियता

अमेरिका के राष्ट्रपति अब्राहम लिंकन को कौन नहीं जानता। लेकिन क्या आपको पता है कि अब्राहम लिंकन अपने निजी जीवन में हास्य को कितना महत्त्व देते थे।

कहा जाता है कि हास्य अब्राहम लिंकन के जीवन का साथी बन गया था। लिंकन का विचार था कि दूसरों को हँसाना और स्वयं मुस्कराते रहना कोई आसान काम नहीं होता। केवल मुस्कान व हास्य से हजारों लोगों की जिंदगियाँ बचाई जा सकती हैं।

अब्राहम लिंकन ने एक बार कहा था–"अगर मुझमें विनोदप्रियता न हो, तो मैं सचमुच मर जाऊँ।" यही कारण है कि जब भी देश में संकट काल आता है, अब्राहम लिंकन के रचित हास्य, व्यंग्य व मजाक पढ़कर संकट का बोझ कम होने लगता है। मनुष्य कितना भी विषादपूर्ण माहौल में रहे, लेकिन लिंकन के साहित्य को पढ़कर स्वयं में जो खुशियाँ महसूस कर सकता है, वह अद्वितीय रहता है।

> आप रोजाना कम-से-कम एक व्यक्ति को आनंदित करने का संकल्प कर लें। मन में दृढ़ निश्चय करें कि एक व्यक्ति पर उपकार करेंगे ही। इस प्रकार 10 वर्षों में आप तीन हजार छह सौ पचास लोगों को आनंदित करने का श्रेय हासिल कर लेंगे। यह एक बड़े गाँव या छोटे कस्बे की तरह होगा। सोचिए आपने कितना बड़ा उपकार किया है।
>
> –सिडनी स्मिथ (चिंतक)

अब्राहम लिंकन अपने जीवन में जितना गंभीर थे, उतने ही विनोदी भी थे। कभी-कभी अपनी गंभीरता व विषादपूर्ण वातावरण के बोझ को कम करने के लिए लिंकन स्वयं पर ही विनोदपूर्ण व्यवहार

करने लगते थे। इससे वे खुश रहते थे। उन्हें आत्मसंतुष्टि होती थी।

अब्राहम लिंकन का मानना था कि ईश्वर भी साधारण व्यक्तियों से अत्यधिक प्यार करता नजर आता है। इसीलिए उसने सृष्टि की रचना करते समय अपने हाथों से साधारण जनों की संख्या अधिक बनाई और विशेष जनों को कम बनाया।

यहाँ लिंकन का मंतव्य साधारण लोगों की हँसी-खुशी से है, जो विपरीत हालातों में भी मुस्कराना नहीं छोड़ते। एक किसान अपने खेतों में काम करके घर आता है, तो वह खा-पीकर चैन से सो जाता है। एक मजदूर दिन-भर हाड़-तोड़ परिश्रम करता है, और रात में घोड़े बेचकर सो जाता है।

यह सब इसलिए होता है कि उनके जीवन में और कुछ नहीं चाहिए। वे इसी में खुश रहते हैं। यही जिंदगी प्यारी है। इसी जिंदगी में उन्हें खुशियाँ मिलती हैं। लेकिन जो थोड़े से लोग होते हैं, वे अत्यंत महत्त्वाकांक्षी होते हैं। अपना लक्ष्य हासिल करने के लिए अपनी छोटी-बड़ी खुशियों को कुचलते रहते हैं। एक दिन खुशियाँ उनके जीवन से हमेशा के लिए गायब हो जाती हैं।

अतः खुशियाँ, मुस्कान पाने के लिए यह जरूरी है कि आपके पास जितना कुछ है, उसी में संतोष करें और सुख की अनुभूति करें।

> कोई अपशब्द कहे, आप मौन रहकर सुनते रहें। कोई जवाब ना दें। अगर आपको कोई एक तमाचा मारे, तब भी आप शांत रहें, चुपचाप मार खा लें। लेकिन अगर कोई व्यक्ति आपको चैलेंज करता है, तो उसकी चुनौती स्वीकार करने के लिए पीछे न रहें। उसकी चुनौती का डटकर सामना या मुकाबला करें।
>
> –टॉलस्टाय

"अपना काम देखो। अपना निर्णय स्वयं करो। बराबर दिनचर्या के अनुसार कार्य करो। आपका कायाकल्प होगा। अगर ऐसा नहीं कर सकते, तो समझो धिक्कार है।"

–जॉर्ज इलियट

अब्राहम लिंकन की मेज पर हमेशा ही कोई–न–कोई हास्यपूर्ण रचना पड़ी मिलती थी। जानकारों का मानना है कि जब भी लिंकन किसी चिंता में डूब जाते, निराशा में घिर जाते, या उन्हें लगता कि अब मस्तिष्क काफी थक गया है, तो वह अपनी मेज पर पड़ी कोई हास्य पुस्तक उठा लेते और अपने चेहरे पर मुस्कान का टॉनिक लाने का प्रयास करते रहते थे। इससे वह ताजगी से भर उठते थे। फिर से उनके जीवन में नवीन उत्साह भर जाता था।

अब्राहम लिंकन का विचार था कि थकान, चिंता, तनाव से मुक्ति पाने का एकमात्र यही रास्ता है कि आप हास्य को अपने जीवन में स्थान दें और मुस्कराने की कला सीख लें।

दोस्तो, अब्राहम लिंकन के इसी विचार के साथ मैं इस अध्याय को समाप्त करता हूँ। आप एक बार मुस्कान को अपना लें, फिर देखिए आपका जीवन कितना सफल हो जाता है। अगर ऐसा नहीं होता, तो क्या कारण है कि हमारे देश में टी. वी. चैनल्स पर प्रसारित हो रहे 'कॉमेडी शो' को सफलता मिलती जा रही है।

7

सेहतमंद व दीर्घायु बनें

सेहतमंद व दीर्घायु होने के लिए केवल संतुलित, स्वच्छ आहार व व्यायाम ही काफी नहीं है। बल्कि स्वास्थ्य के नियमों का पालन और इसके साथ-साथ प्रकृति के अनमोल गुणों को अपनाना भी जरूरी है। कुछ गुण व्यक्ति में मौजूद रहते हैं, लेकिन व्यक्ति उसका प्रयोग करना नहीं जानता। जिस दिन उसने सीख लिया, समझ लिया, उसी दिन से उसे सफलता मिलनी शुरू हो जाएगी।

अक्सर लोगों का मानना है कि दीर्घायु होने के लिए निरोगी जीवन आवश्यक है। रोग होने पर शरीर की ऊर्जा शक्ति नष्ट हो जाती है। शरीर कमजोर होता जाता है और एक दिन व्यक्ति असमय मौत का शिकार हो जाता है। निरोगी जीवन के लिए केवल अच्छा, पौष्टिक खान-पान ही जरूरी नहीं है, बल्कि हमें दूसरी बातों का भी ख्याल रखना होगा। जैसे उचित विश्राम, संयम, धैर्य का पालन, तनाव पर नियंत्रण, असंयमित जीवन-शैली आदि से बचना भी जरूरी है। इसके अलावा अन्य कई बातों का भी ध्यान रखना पड़ता है।

हम इस अध्याय की शुरुआत दुनिया के प्रसिद्ध लेखक एन्सबर्थ राबर्ट के एक प्रसंग से शुरू कर रहे हैं।

रॉबर्ट एक महान् लेखक थे। लेकिन उनकी पत्नी बेहद झगड़ालू, बदतमीज व ईर्ष्यालू भी थी। वह रोजाना किसी-न-किसी बात पर

परिवार में हंगामा कर देती थी। केवल इतना ही नहीं, वह रॉबर्ट के स्टडी में घुस जाती और उनके विचारों की शृंखला को ध्वस्त कर देती थी। रॉबर्ट काफी परेशान रहते थे। उनकी समझ में नहीं आ रहा था कि वह किस प्रकार पत्नी की आदतों को सुधारे।

> धन के स्वभाव में कभी ऐसी बात नहीं, जो आनंद पैदा करे (यानी धन से आनंद की प्राप्ति असंभव है), मगर जो लोग अपने धन को दूसरों के हित में लुटाने के लिए तैयार रहते हैं, कभी हिचकिचाते नहीं हैं, ऐसे लोगों के जीवन में आनंद व खुशियाँ अवश्य मिलती हैं। इसे कोई रोक नहीं सकता। स्वयं भगवान् भी नहीं।
>
> –फ्रैंकलिन

एक दिन तो हद ही हो गई, जब गुस्से व ईर्ष्या में पैर पटकती हुई उनकी पत्नी स्टडी में घुस गई और रॉबर्ट की पांडुलिपि को मेज से उठाकर उसके टुकड़े-टुकड़े कर दिए। उसे जला डाला। यह देखकर रॉबर्ट को बड़ा गुस्सा आया। लेकिन उन्होंने अपने गुस्से पर नियंत्रण कर लिया।

रॉबर्ट ने कुछ सोचकर फिर से रचना तैयार की। लगातार दो महीने रात-दिन की मेहनत के बाद उन्होंने अपनी पांडुलिपि फिर से तैयार कर ली। आप सोच रहे होंगे कि इतनी महत्त्वपूर्ण कृति को नष्ट किए जाने पर भी रॉबर्ट ने पत्नी पर अत्याचार नहीं किया। इसका कारण बाद में समझ में आया। यह रॉबर्ट का धैर्य था। उन्होंने सोचा कि अब तो पांडुलिपि दोबारा आ नहीं सकती। लेकिन अगर पत्नी पर गुस्सा उतारा, तो शायद कोई अनहोनी घटना घट सकती थी। क्योंकि गुस्से में व्यक्ति अंधा हो जाता है। इन सब स्थितियों से बचने के लिए

ही रॉबर्ट ने धैर्य का दामन थामा और फिर से पांडुलिपि तैयार की थी। हालाँकि जब गुस्सा ठंडा हुआ और उनकी पत्नी को अपने किए पर ग्लानि होने लगी, तो उन्होंने अपने व्यवहार के लिए उनसे क्षमा माँग ली थी। इसके बाद वह हमेशा के लिए सुधर गई थी...।

इस पूरे प्रसंग में रॉबर्ट का धैर्य काफी महत्त्वपूर्ण है। सेहत व दीर्घायु के लिए मनोवैज्ञानिकों ने धैर्य रखने की सलाह दी है। चिकित्सकों के अनुसार जो लोग धैर्य का पालन नहीं करते, वे विभिन्न रोगों से ग्रसित होकर अंततः मौत के शिकार हो जाते हैं।

धैर्य हमें कई प्रकार के विकारों से बचाता है। धैर्य से सेहत सुंदर व विकसित होती है। व्यक्ति खिल उठता है। धैर्य रखने से ही व्यक्ति को सफलता मिलती है।

यह सच है कि अच्छी सेहत से आयु बढ़ जाती है। लेकिन सेहत को अच्छा रखना एक कठिन चुनौती है। सेहत की रक्षा के लिए हमें कई कार्य करने पड़ते हैं और हर पल सेहत के प्रति चौकस रहना पड़ता है।

अच्छी आदतों के कारण मेरे लिए कार्य का जीवन में वही महत्त्व रहा जैसे मछली के लिए जल का होता है। मुझे कई बार आश्चर्य हुआ, जब लोगों से सुना—मैं इस काम को पसंद नहीं करता। मुझे इसमें रुचि ही नहीं है और मैं अपना कार्य बदलना चाहता हूँ...।

मेरे लिए तो जो काम सामने आया, उसके बारे में पहले से कभी नहीं सोचा। महज मैं उसमें सहज भाव से जुटा रहा और वह देखते-देखते पूरा हो गया।

—विश्व प्रसिद्ध लेखक होरेसमान

क्या आप जानते हैं कि ऐलोपैथिक दवाइयाँ हमारे शरीर व सेहत को दुष्प्रभावित करती हैं? जब हमारा शरीर रोगी हो जाता है, तो हम डॉक्टर के पास जाते हैं। डॉक्टर रोग को ठीक करने के लिए दवाइयाँ खाने की सलाह देता है। इन दवाइयों को खाकर हम रोगमुक्त तो हो जाते हैं, लेकिन इन दवाइयों का सीधा असर हमारे लीवर, किडनी को दूषित करता है और अगर हम लंबे समय तक दवाइयों का सेवन करते रहें, तो हमारे शरीर के ये महत्त्वपूर्ण अंग क्षतिग्रस्त हो सकते हैं। अतः हमारी भरसक चेष्टा होनी चाहिए कि हम कम-से-कम दवाइयों का सेवन करें। अनावश्यक दवाइयों के चक्कर में न पड़ें।

एक और बात कि हम अपने शरीर को क्यों नहीं इतना फिट कर लें कि हम कभी बीमार ही न पड़ें। यह कार्य थोड़ा कठिन अवश्य है, लेकिन अगर आप आरंभ से ही कुछ अच्छी आदत बना लें और जीवन-भर उसका पालन करें, तो आपकी आयु निश्चित रूप से बढ़ जाएगी।

हमने पिछले अध्यायों में स्वस्थ रहने के अनेक नियमों का उल्लेख किया है। हमारा केवल खान-पान ही स्वच्छ नहीं होना चाहिए, बल्कि हमारे आचार-विचार, व्यवहार, विकास, सबकुछ संयमित ढंग से होना चाहिए। हम जो भी करें, सोच-समझकर करें। हमारे लिए संस्कार का भी महत्त्व है। अच्छे संस्कार से अच्छे चरित्र का निर्माण होता है। मजबूत चरित्र भी हमें सेहतमंद रखता है। यह हमारे व्यक्तित्व को आकर्षक बनाता है।

एक सुंदर व आकर्षक व्यक्तित्व व सेहतमंद होने के लिए हमें चाहिए, वक्त के साथ चलना। जब आप हर काम वक्त पर करेंगे, तो आपका स्वास्थ्य वैसे ही उन्नत हो सकेगा। कुछ लोग लापरवाही का प्रदर्शन करते हैं। ऐसे लोगों का स्वास्थ्य उत्तम कैसे रह सकता है?

सेहतमंद होने के लिए हमें प्रसन्नता, उत्साह की भी जरूरत होती है। प्रसन्नता में ही स्वास्थ्य का राज छिपा है। प्रसन्नता के बारे में भी हम पिछले अध्यायों में काफी चर्चा कर चुके हैं।

अच्छी सेहत व दीर्घायु के लिए बड़े-बड़े विचारकों व संतों ने अनेक उपयोगी सुझाव दिए हैं।

एक बार सुकरात के एक शिष्य ने सुकरात से पूछा, "जीवन क्या है?"

"स्वास्थ्य।" सुकरात ने उत्तर दिया।

सुकरात के इस जवाब में ही जीवन का सत्य छिपा है। तभी तो कहा गया है कि स्वास्थ्य ही जीवन है। अगर आपका शरीर स्वस्थ नहीं है, तो आप एक जिंदा लाश के समान हैं।

> जीनो इंगलो नामक एक कवियत्री का जीवन बड़ा ही सुखद और आनंदपूर्ण रहा। अपनी कविता की एक लाख प्रतियाँ बिकने पर उसे जो भी आय होती, उसे वह दान में दे डालती थी। नजदीक के अस्पताल के रोगियों की सेवा करती थी। रोगियों को हफ्ते में तीन बार भोजन कराती थी। उनकी दवाइयों की व्यवस्था करती थी। दीन-दुखियों की सेवा करना ही उसका धर्म बन गया था। जीनो अपने जीवन में बहुत कामयाब हुई थी। उसकी ख्याति देश-विदेश में फैल गई थी।
>
> —जीनो इंगल, कवियत्री के बारे में

एक बीमार व्यक्ति अच्छा खा-पी नहीं सकता। वह काम नहीं कर सकता। बिस्तर पर पड़ा रहता है। मन तरसता रहता है। मन-ही-मन आँसू बहाता है। ऐसे व्यक्ति को सोचना चाहिए कि उसने पूर्व में ऐसी क्या गलती कर दी कि आज वह इस अवस्था में जी रहा है। निश्चित रूप से स्वास्थ्य बिगाड़ना-बनाना मनुष्य के हाथ में है।

अगर मनुष्य चाहे तो अपनी सेहत को बुलंद कर सकता है। लेकिन इसके लिए उसे अपनी सेहत बनानी होगी। एक अच्छी सेहत

के लिए उचित विश्राम, परिश्रम, धैर्य, समय पालन व आत्मचिंतन भी जरूरी है। कोई भी व्यक्ति लगातार काम नहीं कर सकता। उसे विश्राम भी चाहिए। इसी तरह अगर आप रात में ठीक से नहीं सोएँगे, तो आपकी तबीयत खराब हो सकती है। शयन के लिए भी विद्वानों ने कुछ नियम बनाए हैं। जैसे रात में भोजन करने के बाद कुछ देर तक टहलना चाहिए, फिर बाईं करवट लेकर सोना चाहिए। फिर दाईं करवट। इस तरह से भोजन का अच्छा पाचन होता है।

कुछ लोग सुबह जल्दी उठना नहीं चाहते। खासकर सर्दियों में उनकी नींद तो टूट जाती है, लेकिन वे बिस्तर में ही दुबके रहते हैं और रजाई में लिपटे रहते हैं। सुबह की सैर स्वास्थ्य के लिए काफी उपयोगी है, लेकिन उन्हें आलस्य लगता है। आलस्य के कारण ही वे अपना कीमती वक्त गँवा देते हैं।

अनेक लोग तरह-तरह के व्यसनों का शिकार हो जाते हैं। इन व्यसनों में शराब, सिगरेट का सेवन, किसी भी तरह के नशे का सेवन, पराई स्त्रियों से शारीरिक संबंध इत्यादि कई विकार सामने आते हैं। ऐसे में आप स्वस्थ शरीर की कैसे कल्पना कर सकते हैं।

मनुष्य की गलतियों का नतीजा है कि आज व्यक्ति की आयु काफी घट गई है। क्योंकि मनुष्य ने अपने ही हाथों अपने स्वास्थ्य को चौपट कर लिया है। जब आपका स्वास्थ्य ठीक नहीं रहेगा, तो आपकी लंबी उम्र क्या होगी...। आप कल्पना कर सकते हैं।

मनुष्य की औसत आयु में गिरावट के मुख्य कारण हैं–उसका रहन-सहन, तनाव, अनुचित व्यवहार, असंतुलित आहार, अस्वच्छ पर्यावरण तथा उसकी अस्वच्छ आदतें। जब तक मनुष्य इन सबसे ऊपर उठकर अपने जीवन को व्यवस्थित नहीं कर लेता, तब तक अच्छे स्वास्थ्य की क्या कल्पना कर सकते हैं?

चाहे गाँव हो या शहर, हर जगह मनुष्य ने अपनी लापरवाहियों का प्रदर्शन करना शुरू कर दिया है। आपने देखा होगा, कुछ लोग प्यास लगने पर अपनी प्यास मारते रहते हैं। कुछ लोग भूख मारते रहते हैं। अगर शौच या पेशाब की तलब हो और उस समय किसी जरूरी काम को कर रहे हों, तो यही चाहते हैं कि पहले उस काम से निबट लें, फिर दिशा-मैदान की बात सोचें। कुछ लोगों की इससे भी बढ़कर गंदी आदत होती है। वे पेशाब को रोके रखते हैं। ये सारी गंदी आदतें ही आपको बीमार बना रही हैं। लेकिन इसका अहसास आपको बाद में होता है। पहले नहीं।

ऐसे मनुष्य ही भले-चंगे लगते हैं, जिन्हें विश्वास रहता है कि प्रत्येक भूल का कोई-न-कोई उपाय अवश्य होता है। हरेक इच्छा करने वाली आत्मा के लिए ही संतोष का महत्त्व है। जो मनुष्य प्रत्येक व्यक्ति के सर्वोत्तम गुणों से ग्रहण कर लेते हैं और जहाँ लोगों को कुरूपता में भी सौंदर्य व गौरव के दर्शन होते हैं, ऐसे लोग ही मुझे प्रिय हैं।

जो मनुष्य अंततः सत्य की विजय में विश्वास रखता है, विरोध में भी अनुकूलता की स्थापना की आस जिसे होती है, घृणा पर जो लोग प्रेम की विजय के स्वप्न देखते हैं, दोषों में भी पवित्रता की झलक जिन्हें मिलती है, अंधकार पर जिसे प्रकाश की विजय का विश्वास हो, आस्था हो तथा जिन्हें मृत्यु पर जीवन की विजय पर पूर्ण विश्वास है-उनका मैं नमन करता हूँ। ऐसे ही लोग राष्ट्र निर्माता होते हैं।

—सुप्रसिद्ध चिंतक इमर्सन

रस्किन की उदारता

रस्किन की गिनती विश्वप्रसिद्ध लेखकों में की जाती है। जब रस्किन को पारिश्रमिक के रूप में दस लाख डॉलर प्राप्त हुए तो उसने अपना सारा धन परोपकार में खर्च कर दिया। उस धन से निर्धन छात्र-छात्राओं की आर्थिक मदद की तथा उन्हें जीवन में आगे बढ़ाने में लगाया। इतना ही नहीं, रस्किन ने कामकाजी स्त्री-पुरुषों की आवास सुविधा के लिए आवश्यक आदर्श भवनों का निर्माण करवाया। लंदन के बाहरी हिस्से में जो ऊसर व बंजर जमीन थी, उसे खेती योग्य बनवाने का प्रयास किया। हर उम्र व वर्ग के लोगों की सहायता की। इस तरह से रस्किन की महानता ने सभी को सही रास्ते पर लाने की चेष्टा की थी...।

रात को देरी से सोना, टी. वी. देखना, ताश खेलना, जुआ खेलना, शराब पीना, काम क्रीड़ा, इत्यादि की तलब और उसकी पूर्ति व्यक्ति के स्वास्थ्य को ही नष्ट नहीं करती, बल्कि उसके जीवन को भी तहस-नहस करके रख देती है। आपने ऐसे अनेक लोगों को देखा होगा, जो रात-दिन शराब के नशे में डूबे रहते हैं। वे भाँति-भाँति के नशे का सेवन करते हैं। ऐसे लोगों का विवेक खत्म हो चुका होता है। जिगर काम करना बंद कर देता है।

कुछ व्यक्ति रात-दिन कामुकता की आग में तपते रहते हैं। किसी सुंदर महिला या युवती को देखते ही उत्तेजित हो जाते हैं और किसी-न-किसी तरीके से अपने वीर्य को नष्ट करते रहते हैं। इससे भी उनके स्वास्थ्य का पतन होता है।

कुछ व्यक्ति गुस्से में उबलकर अपना विवेक खो देते हैं और दूसरों को नुकसान पहुँचाते रहते हैं। ऐसे लोग अपने गुस्से पर काबू

नहीं रखने के कारण मानसिक समस्याओं से घिर जाते हैं और कई तरह के रोगों के शिकार हो जाते हैं, जैसे हाइपरटेंशन, हृदय रोग, रक्तचाप आदि। अगर इन सब रोगों से बचना है, तो अपने गुस्से पर नियंत्रण रखने की कला सीखें।

मनुष्य में अनेक तरह के विकार हो सकते हैं। अपने विकारों पर नियंत्रण पाना और हृदय को साफ रखना बहुत जरूरी है। बचपन से ही स्वास्थ्य सूत्रों का पालन किया जाए, तो ऐसे विकारों से मुक्ति पाना सरल होगा।

जब आपका तन व मन स्वच्छ रहे, तो विचार भी पुष्ट होते हैं। आत्मविश्वास व आत्मशक्ति प्रबल होती है। परिश्रम करने की भावना विकसित होती है। आप अच्छा कार्य करते हैं और पूरे मन से करते हैं।

स्वास्थ्य के नियमों में एक नियम यह भी है कि आप कम-से-कम बोलें और अपनी ऊर्जा शक्ति बचाकर रखें।

संसार में कुछ लोग अपने जीवनपथ पर इस प्रकार चलते हैं, जैसे गली में बैंड या बाजा बजता जा रहा हो। या वायुमंडल की हर दिशा में संगीत का झरना बह रहा हो। दूर या निकट के लोगों के कानों में जब उनके मधुर स्वर गूँजते हैं, तो उनका हृदय आनंद से भर जाता है। ऐसे लोग अपने व्यक्तित्व की मधुरता से वातावरण को उसी प्रकार सुगंधित करके महकाते हैं, जैसे अक्टूबर महीने में फलों के बगीचे अपने पके फलों की गंध से वायु के झोंकों को सुरभित व मादक बना डालते हैं।

—सुप्रसिद्ध विचारक बीचर

सेहतमंद होने के लिए अपने आचार-विचार सामान्य रखें। आपका विचार जितना सरल होगा, आप उतना ही तनावमुक्त रहेंगे। सरल विचार का मतलब यह है कि बड़ी-से-बड़ी बातें भी सरल ढंग से समझी व समझाई जा सकती हैं। अगर आप ऐसा करते हैं, तो भारी तनाव से बच सकते हैं।

कुछ लोग बदलती जीवन-शैली का अंग बन जाते हैं। आजकल बाजार में अनेक तरह के फैशन आ गए हैं। लोगों को फैशन की लत लग गई है, जिसके कारण उनकी जीवन-शैली असामान्य होती जा रही है। यह बदलती जीवन-शैली का ही परिणाम है कि मनुष्य भाँति-भाँति के रोगों की गिरफ्त में आता जा रहा है।

आप जहाँ रहते हैं, वहाँ की सफाई तो आवश्यक है ही, साथ ही गली, पड़ोस की स्वच्छता भी आवश्यक है। गली-पड़ोस साफ न रहे और केवल अपना घर ही साफ रखें, तो आप स्वस्थ नहीं रह सकते। क्योंकि बीमारी पहले एक घर में आती है और फिर धीरे-धीरे पूरी गली में फैल जाती है। पूरे गाँव व नगर में फैल जाती है।

अस्वच्छता से अनेक रोगों की उत्पत्ति होती है। यह बताने की जरूरत नहीं है। जब कभी मौसम बदलता है, तब भी लोग बीमार पड़ते हैं। इसका कारण है कि हम मौसम की उपेक्षा करने लगते हैं। अगर मौसम के अनुसार हमारा खान-पान व पहनावा न हो, तो इसमें किसका दोष है?

हम अपने व्यक्तिगत जीवन में कुछ-न-कुछ लापरवाहियाँ करते रहते हैं। खान-पान से लेकर अन्य लापरवाहियाँ भी देखी जाती हैं। ये लापरवाहियाँ भी हमारी सेहत की दुश्मन बन जाती हैं।

> जो मनुष्य घर-गृहस्थी का उत्तम प्रबंध कर लेते हैं, वही सबसे अधिक सुखी व आनंददायक भी होते हैं।
>
> —सुप्रसिद्ध चिंतक लांगफेलो

हर व्यक्ति के जीवन में उतार-चढ़ाव आते रहते हैं। उतार-चढ़ाव से ही जीवन व्यवस्थित होता है। अगर दुःख ना हो, तो सुख की अनुभूति कैसे होगी? अगर सिर्फ दुःख ही मिले और सुख नसीब ना हो, तब भी व्यक्ति का जीवन अव्यवस्थित हो सकता है। इसलिए प्रकृति ने हमें सुख-दुःख दिया है, ताकि हम दोनों को अपनाकर अपना जीवन संतुलित कर सकें।

अगर आप सेहतमंद हैं, तो ऐसी स्थितियों का डटकर सामना कर सकते हैं, लेकिन अगर आप सेहतमंद नहीं हैं, तो दुःख में टूटकर बिखर जाएँगे।

सफलता-प्राप्ति के लिए भी हमें सेहतमंद होना जरूरी है। जो व्यक्ति स्वस्थ होता है, वही कठिन चुनौतियों का सामना करता है और सफलता प्राप्त कर लेता है।

स्वस्थ रहने के लिए हमें चिंता से भी दूर रहने की जरूरत है। अनेक व्यक्ति रात-दिन चिंता में घुले रहते हैं। यह काम नहीं हुआ, पैसा कहीं से नहीं आया, फलां काम रुक गया, यह करना है, वह करना है, इत्यादि। आप बताइए भला, चिंता करने से आपकी समस्या का समाधान हो गया।

बिलकुल नहीं। उल्टे आप तनाव को पाल लेते हैं और मानसिक रूप से परेशान हो जाते हैं। अतः इन सब बातों को भूल जाइए और पूर्ण रिलैक्स होकर अपना काम करते रहिए। पैसा तो आएगा, लेकिन वह दूसरों के हिसाब से चलकर आएगा। उससे पहले आपके जोर लगा देने से कुछ नहीं होगा।

"आओ हम सब मिलकर माँ का गौरव गान करें। क्योंकि जब सभी साम्राज्ञियाँ व रानियाँ मर-खप जाएँगी, तो एक महारानी तब भी शेष होगी, वह होगी माँ!"

–फ्रांसिस ई. विलयर्ड

प्रत्येक मनुष्य ऐसे लोगों को अधिक पसंद करते हैं, जो अपने साथ किए गए मजाक पर मुँह न फुलाएँ, बल्कि आनंदित हों। क्योंकि ऐसा आचरण व्यक्ति-विशेष की सहृदयता व सूझ-बूझ का आईना होता है। अगर तुम अपना मजाक उड़ाओगे, तो लोग तुम्हारी हँसी उड़ाना ही छोड़ देंगे और तुम कभी अपने को उपेक्षित, तिरस्कृत और अपमानित महसूस नहीं कर सकोगे।

–सुप्रसिद्ध विचार न्यूबुक

कुछ लोगों की आदत बड़ी खराब होती है। वे बात-बात पर दूसरों की बुराई करते रहते हैं। उनके लिए सलाह है कि दूसरों की बुराई करने से पहले स्वयं में तलाश कर लें कि उनमें कोई बुराई तो नहीं। क्योंकि इसी बुराई या कमी के कारण वे भी दूसरों की नजर में आलोचना के पात्र बन सकते हैं। आप एक समालोचक बनिए। आलोचक नहीं। समालोचक बनकर हर किसी को प्रभावित कर सकते हैं। लेकिन आलोचक बनकर केवल अपना ही नुकसान करेंगे। क्योंकि जो दूसरों पर कीचड़ उछालता है, लोग उस पर भी कीचड़ उछालते हैं। इस तरह से तो नकारात्मकता हावी होती जाती है।

हमेशा सोच-समझकर बोलने की आदत डालें। इससे आपका व्यक्तित्व भी पुष्ट होगा और व्यर्थ तनाव के शिकार होने से बचेंगे। गंभीर होना अच्छा है, लेकिन इतना गंभीर ना हो जाएँ कि मुस्कराना

ही छोड़ दें। मुस्कराना ही जिंदगी है। मुसकराने से और इस अच्छी आदत को अपनाने से आपकी जिंदगी बढ़ जाती है।

स्वास्थ्य के नियमों का तकाजा है कि हफ्ते में एक दिन का उपवास रखें। उपवास रहने से शरीर के भीतरी अंगों को विश्राम मिल जाता है। यह सेहत के लिए भी अच्छा है।

"प्रत्येक मनुष्य को रोजना एक छोटा-सा गीत जरूर सुनना चाहिए। एक अच्छी कविता का पाठ करना चाहिए। कोई गीत गुनगुनाना चाहिए, जो उसे पसंद हो। एक सुंदर-सा चित्र भी देखना चाहिए, जो उसके मन को प्रसन्न कर सके। अगर संभव हो, तो कुछ मधुर शब्द भी बोलने का प्रयास करना चाहिए।

–गेटे (महान चिंतक व विचारक)

मनुष्य गोरा हो या काला, लेकिन वह स्वस्थ होना चाहिए। अगर वह स्वस्थ है, तो अपना कार्य भली-भाँति कर सकता है और दूसरों को प्रभावित कर सकता है।

जार्ज बर्नार्ड शॉ बदसूरत थे। अत्यंत कुरुप। लेकिन उनका व्यवहार ऐसा था कि हर युवती, जो उनसे बात करती, वही प्रभावित हो जाती थी। एक जानी-मानी अभिनेत्री को शॉ से प्यार हो गया। यह कहानी भी कुछ अलग ही मजेदार है। कहने का तात्पर्य यह है कि, सेहत आपकी अच्छी होनी चाहिए। रंग-रूप, पहनावा तो कृत्रिम आकर्षण हैं। यह ज्यादा प्रभाव नहीं डाल सकते।

दान का ब्याज

फ्रांस का एक संपन्न उद्योगपति रोथचाइल्ड अपने जमाने के प्रसिद्ध कलाकार यूनेज डेलाक्रोक्स के साथ होटल में बैठा भोजन कर रहा था। दोनों आपस में बातचीत भी करते जा रहे थे।

बातों-ही-बातों में कलाकार ने कहा, "मैं एक ऐसे अमीर व्यक्ति का पेंटिंग बनाना चाहता हूँ; जो अब निर्धन बन गया है। किसी समय वह बहुत अमीर था, लेकिन आज भिखारी-सा बन गया है। इसके लिए मुझे एक ऐसे चेहरे की तलाश है, जिसमें ऐश्वर्य की गरिमा के साथ-साथ दुर्भाग्य की दरिद्रता भी झलकती हो।"

यूनेज डेलाक्रोक्स वास्तव में एक अभिनव प्रयोग करना चाहता था। वह ऐसी ही एक अनोखी पेंटिंग तैयार करना चाहता था। लेकिन फ्रांस में काफी ढूँढ़ने पर भी उसे ऐसा कोई व्यक्ति नजर नहीं आ रहा था, जो उसकी कसौटी पर खरा उतर सके।

उद्योगपति रोथचाइल्ड कुछ सोच में पड़ गया। जब वह भोजन कर चुका, तब उसने कहा, "क्या मैं तुम्हारी पसंद हो सकता हूँ?"

कलाकार यूनेज को लगा कि उद्योगपति उससे मजाक कर रहा है।

"मैं सच कह रहा हूँ। तुम मेरी पेंटिंग तैयार करो।"

यूनेज की समझ में नहीं आ रहा था कि वह इसका क्या जवाब दे। क्योंकि उद्योगपति उसके साँचे में कहीं से भी फिट नहीं बैठ रहा था। उसे गहरा आश्चर्य हो रहा था।

लेकिन उद्योगपति निरंतर आग्रह करता जा रहा था। वह कलाकार के लिए स्वयं को मॉडल के रूप में प्रस्तुत करने का अपना प्रेम प्रदर्शित करता जा रहा था। अंततः कलाकार तैयार हो गया।

अगले दिन से पेंटिंग के लिए कार्य आरंभ हो गया। अमीर उद्योगपति रोथचाइल्ड एक स्थान पर बैठ गया और एक दयनीय भिखारी का हाव-भाव प्रस्तुत करने लगा।

उसी समय कलाकार-चित्रकार यूनेज अपना कैनवास छोड़कर किसी जरूरी काम से बाहर चला गया। यूनेज के जाने के बाद जो शख्स वहाँ आया, उसे देखकर उद्योगपति बोल उठा, "तुम कौन हो?"

"मैं गुरु यूनेज का एक सहायक हूँ। गुरुजी के लौटने में कुछ वक्त लगेगा। तब तक मैं तुम्हारा चित्र कैनवास पर उतारने की चेष्टा करता हूँ।"

यूनेज का वह सहायक उस व्यक्ति के बारे में पहले से कुछ नहीं जानता था। वह देख रहा था कि उसके सामने बैठा शख्स एक भिखारी है। भिखारी का अक्श देखकर उसे मन-ही-मन करुणा जागने लगी।

अचानक ही उसने अपनी जेब से एक सिक्का निकाला और भिखारी (उद्योगपति) की हथेली में डालकर तेजी से बाहर निकल गया।

उसके जाने के कुछ देर बाद कलाकार व चित्रकार यूनेज वहाँ आ गया और बोला, "माफ करना, मैं किसी जरूरी काम से बाहर चला गया था।"

"पेंटर महोदय, मैं कुछ समझ नहीं पा रहा हूँ। आप मेरा चित्र बना रहे हैं या मेरा मजाक उड़ा रहे हो?" उद्योगपति ने कहा, "आपका आदमी मेरी हथेली पर यह सिक्का रखकर चला गया था। यह क्या माजरा है?"

"आप बुरा न मानें। वह मेरा शिष्य है। लेकिन हृदय से बड़ा ही दयालु है। किसी गरीब को देखता है, तो उसकी सहायता के लिए तत्पर हो जाता है। वैसे वह काफी प्रतिभाशाली है, लेकिन वह गरीब है। जब एक गरीब दूसरे गरीब को देखता है, तो उसे दया आ ही जाती है। बेचारा वह क्या जानता है कि आप एक अमीर उद्योगपति हो...।"

इस घटना के कुछ दिनों बाद एक बड़ी ही विचित्र घटना घट गई। पेंटर के स्टूडियो के बाहर बैठे पेंटर-कलाकार के सहायक के पास एक व्यक्ति आया और बोला, "ह पत्र कबूल करिए।"

सहायक ने पत्र अपने हाथ में लिया और उसे खोलकर पढ़ने लगा, लिखा था–"दान का ब्याज जीवन में अवश्य मिलता है। कृपया पत्रवाहक से एक हजार फ्रांक प्राप्त कर अनुगृहीत करें।"

इस पत्र को स्वयं अमीर व्यक्ति रोथचाइल्ड ने लिखा था, जो सहायक का हमदर्द बनकर उसकी सहायता के लिए आगे आया था। पेंटर से सहायक के बारे में सुनकर उसकी पीड़ा व जज्बात बाहर आ गए थे। उसने सहायक के जीवन का उत्थान करने का फैसला कर लिया था और एक संदेशवाहक के माध्यम से यह खत भिजवाया था।...

कृत्रिम वस्तुओं से कुछ पल के लिए स्वयं को आकर्षक बना सकते हैं। लेकिन आपके मन की खूबसूरती व व्यवहार सदा आपका साथ देती है। इसी तरह से अगर पत्नी खूबसूरत, गोरी-चिट्टी हो, लेकिन उसका व्यवहार दोषपूर्ण हो, तो बेकार है। रूप का नशा कुछ दिनों में उतर जाता है। लेकिन व्यवहार का नशा जीवन-भर आपका साथ देता है। यह सेहतमंद रहने का एक गुरुमंत्र भी है।

अब मैं आखिर में 5 चीजें बताना चाहता हूँ, जिन पर आप चिंतन करके अपने स्वास्थ्य को उम्दा बना सकते हैं–

1. हमेशा अच्छी बातें सीखें, हमेशा अच्छी बातें सोचें और हमेशा अच्छी बातें करें। उनहें अपनी आदत व व्यक्तित्व में शुमार कर लें। इन्हें अपना संस्कार व आचरण बनाएँ। फिर देखिए आपकी सेहत कैसे निखर जाती है।

2. अच्छे कुशल, व्यावहारिक लोगों के हृदय में अपना स्थान बनाएँ।

आपकी भरसक चेष्टा होनी चाहिए कि आप व्यावहारिक बनें। सब लोगों से हँस-मुस्कराकर बात करें और उनका दिल जीतने की कोशिश करें। एक व्यावहारिक आदमी का साथ आपको व्यावहारिक व उदार बनाता है।

3. अच्छे आचरण करें। समाज की सेवा करें। अच्छे कार्य करें।

आचरण, समाज-सेवा व सामाजिक कार्यों से आपका हृदय विशाल बनता है। आप संकीर्णता के दायरे से बाहर होते हैं। मन को एक नई अनुभूति होती है। हृदय में जो तरंगें उठती हैं, वे हृदय को अधिक मजबूत व शक्तिशाली बनाती हैं। इस तरह से आप कोशिश करें। आपको कुछ ही दिनों में महसूस होने लगेगा कि आपकी सेहत अच्छी हो रही है। आपका व्यक्तित्व विराट होता जा रहा है।

4. साफ-सफाई, सादा जीवन व उच्च विचार की शैली विकसित करें।

स्वच्छता, सादा जीवन व उच्च विचार मनुष्य को मनुष्यता की ओर अग्रसर करता है। आप स्वच्छता को जीवन का अंग बना लें। सरल जीवन जिएँ। किसी तरह के दोहरे चरित्र से बचें। किसी तरह के फैशन आदि से बचें और अपने विचार को इतना अधिक शक्तिशाली व ऊँचा बना दें कि आपका चरित्रउसमें झलकने लगे।

5. हमेशा सोच-समझकर बोलें।

पहले आप किसी की बात सुनें। उस पर विचार करें कि आप इसका सही उत्तर क्या दे सकते हैं या फिर इसका सही उत्तर क्या हो सकता है। उसके बाद बोलें। निश्चित रूप में आप प्रभावशाली प्रस्तुतिकरण कर सकते हैं।

इस तरह से हम स्वयं को न केवल तमाम विकारों से मुक्त रख सकते हैं, बल्कि अपनी सेहत को काफी बुलंद बना सकते हैं।

दोस्तो, अच्छी सेहत के लिए यह मत सोचिए कि यह केवल अमीरों का काम है, क्योंकि उनके पास पैसा है। अच्छी सेहत का मालिक हर कोई हो सकता है। इसके लिए प्रयास करने की जरूरत है। आलस्य को दूर भगाइए और एक सही रुटीन के साथ निरंतर अग्रसर हो सकें।

आशा है, लेखक की बातें अच्छी लगी होंगी।